二者関係のこころ

Premiere Collection

心理療法と愛着理論の接点

田附紘平 著

京都大学学術出版会

若い知性が拓く未来

　今西錦司が『生物の世界』を著して，すべての生物に社会があると宣言したのは，39歳のことでした。以来，ヒト以外の生物に社会などあるはずがないという欧米の古い世界観に見られた批判を乗り越えて，今西の生物観は，動物の行動や生態，特に霊長類の研究において，日本が世界をリードする礎になりました。

　若手研究者のポスト問題等，様々な課題を抱えつつも，大学院重点化によって多くの優秀な人材を学界に迎えたことで，学術研究は新しい活況を呈しています。これまで資料として注目されなかった非言語の事柄を扱うことで斬新な歴史的視点を拓く研究，あるいは語学的才能を駆使し多言語の資料を比較することで既存の社会観を覆そうとするものなど，これまでの研究には見られなかった溌剌とした視点や方法が，若い人々によってもたらされています。

　京都大学では，常にフロンティアに挑戦してきた百有余年の歴史の上に立ち，こうした若手研究者の優れた業績を世に出すための支援制度を設けています。プリミエ・コレクションの各巻は，いずれもこの制度のもとに刊行されるモノグラフです。「プリミエ」とは，初演を意味するフランス語「première」に由来した「初めて主役を演じる」を意味する英語ですが，本コレクションのタイトルには，初々しい若い知性のデビュー作という意味が込められています。

　地球規模の大きさ，あるいは生命史・人類史の長さを考慮して解決すべき問題に私たちが直面する今日，若き日の今西錦司が，それまでの自然科学と人文科学の強固な垣根を越えたように，本コレクションでデビューした研究が，我が国のみならず，国際的な学界において新しい学問の形を拓くことを願ってやみません。

第26代　京都大学総長　山極壽一

目　次

序章　関係性を理解しようとする一つの試み　1

1　関係性を読み解く鍵としての愛着　3
2　心理療法と愛着理論　4
3　本書の構成　8

第1章　外的現実と心的現実のはざま
—— 愛着理論の歴史的変遷　11

1　愛着理論のはじまり　13
2　外的現実か心的現実か —— 精神分析からの批判　15
3　reality と actuality　17
4　愛着理論の現在　19
5　愛着理論と間主観精神分析が出会うところ　21

第2章　「内側」から体験をまなざす
—— これまでの研究の概観　27

1　愛着パターンとは　29
2　クライエントの愛着パターンと心理療法　35
　2-1　心理療法の効果に関する研究　35
　2-2　心理療法のプロセスに関する研究　39
　2-3　クライエントの具体的特徴に関する研究　44
3　クライエントの体験をまなざす視点　49

i

第3章　自己をどう捉えるか ── 質問紙調査　　53

1　自己イメージの諸様相　55

2　調査の概要　58

　2-1　自己イメージの収集　58

　2-2　自己イメージの把握　60

3　適応的な「わたし」── 安定型　65

4　「わたし」をあらわさない ── 軽視型　69

5　否定的な「わたし」── とらわれ型　73

6　内に秘める「わたし」── おそれ型　77

第4章　親をどう捉えるか ── 質問紙調査　　87

1　親イメージの諸様相　89

2　調査の概要　92

　2-1　親イメージの収集　92

　2-2　親イメージの把握　94

3　見守ってくれている「親」── 安定型　97

4　"すばらしい"「親」── 軽視型　102

5　よくわからない「親」── とらわれ型　106

6　言動に矛盾がある「親」── おそれ型　111

第5章　愛着からみえてくる関係性のテーマ
　　　　　── 自己イメージと親イメージの関わり　　117

1　いざというときの助け ── 安定型　119

2　交流の心地よさ ── 軽視型　122

3　密着した関係からの分離 ── とらわれ型　126

4 ありのままを認めてもらうこと —— おそれ型　129

5 愛着パターンから内的表象へ —— 心理療法との関連　133

第6章　セラピストに何が投影されるか
—— 映像観察調査による予備的検討　141

1 調査の概要　143

　1-1　映像を投影法的に用いるということ　143

　1-2　映像観察者の選定　144

　1-3　心理療法映像の自由な観察　147

2 セラピストのどこに注目しやすいか　149

　2-1　表情　150

　2-2　身体の動き　153

　2-3　言葉のどこに目が向くか —— 内容かリズム・トーンか　156

　2-4　非言語的側面に注目するということ　158

3 セラピストにどのような印象を抱きやすいか　159

第7章　話を聴いてもらうときにどう感じるか
—— 自分語りの面接調査　163

1 調査の概要　165

　1-1　内的プロセスへの迫り方　165

　1-2　話を聴いてもらう体験の聴取　166

　1-3　話を聴いてもらう体験の描出　168

2 いつものやり方で得る満足感 —— 安定型　174

3 自分の弱さをさらけだす苦しさ —— 軽視型　179

4 混乱とそれが整理される感覚 —— とらわれ型　184

5 "すばらしい"体験 —— おそれ型　189

iii

終章　こころが動く瞬間
── 著名な精神分析家による症例　195

1　心理療法と愛着理論の新たな地平に向けて　197

2　こころが動く瞬間（Ⅰ）── Balint, M. の症例　200

3　こころが動く瞬間（Ⅱ）── Kohut, H. の症例　204

4　こころを動かす「何か」　208

5　到達不可能な体験に迫り続けること　210

引用文献　215

あとがき　227

初出一覧　230

索　引　231

関係性を理解しようとする一つの試み

序章　関係性を理解しようとする一つの試み

 関係性を読み解く鍵としての愛着

　親子関係，夫婦関係，家族関係，友人関係，仕事場での関係，学校の先生との関係など，人と人との関係性にまつわる問題は，時代を問わず，人々にとって大きな関心事となってきた。対人関係に悩みをもつ方々は，「どのように関わればよいか」，「どのように接したらよいか」という問いに対して懸命に取り組んできたと推察される。こうした問いには，絶対的に正しい答えが一つあるというわけではないであろう。それは，関係性の質，各々の生育史や個性，お互いの意識的，あるいは無意識的な意図やニーズなどが複雑に絡み合ったうえで，「問題」が生まれていると考えられるからである。問題へのよりよい対処を見つけるためには，まずはその関係において自分や相手がどのような気持ちを抱いたり，どのようなことを感じたりしているかについて深く理解する必要がある。本書では，関係性のなかで体験されることについて，心理療法の立場から探究することを試みたい。

　関係は，二人が存在して初めて成立する。その意味で，様々な関係の根本には二者関係があると言える。人は，生まれた瞬間，というより，受胎した瞬間から，母親と関係をむすぶ。Bowlby が提唱した愛着理論は，そうした子どもと母親，あるいは子どもと養育者の関係を解き明かそうとするものである。愛着（attachment）とは，乳幼児が苦痛や不安など何らかの危機を感じた際に，養育者に近接しようとする本能的な性質を指し，乳幼児は愛着行動をとることによって安全を確保する（Bowlby, 1969）。愛着をもとにした二者のむすびつきは，子どもが世界を認識していく過程において土台の役割を果たす。複雑に入り組んだ関係性をこのもっとも基本的な二者関係から捉え直すこと

で，関係性にまつわる問題に取り組む際の端緒を得ることができるのではないだろうか。本書は，心理療法を議論の中心におきながらも，そのことも視野に入れている。

心理療法と愛着理論

　心理療法，特に精神分析を中心とする力動的心理療法において，クライエント（心理療法を受けるために来談した者）は，決められた時間，決められた場所，一定の頻度でセラピスト（心理療法を専門に行っている者）とともに自らの悩みや困りごとにじっくり取り組む。クライエントとセラピストの関係が心理療法の基盤となる。力動的心理療法では，転移をどのように理解し，取り扱うかが重要視される。転移とは精神分析を創始した Freud, S. (1905) が提唱した概念であり，クライエントがこれまで築いてきた重要な他者との関係がクライエント―セラピスト関係にもあらわれてくることを指す。したがって，心理療法におけるクライエントの体験は，クライエント自身がもつ対人関係のあり方とも密接に関わっている。

　愛着理論において，養育者との安定した愛着の形成はその後の乳幼児の人生にとって非常に重要であるとされ，愛着の発達や個人差に加え，養育者との離別などによる愛着形成の阻害が乳幼児に与える深刻な影響についてこれまで中心的に論じられてきた（Ainsworth, et al., 1978；Bowlby, 1969；Bowlby, 1973；Bowlby, 1980）。また，Bowlby (1979) が「ゆりかごから墓場まで」と述べているように，愛着理論は乳幼児だけを対象としているのではなく，愛着の生涯発達を視野に入れている。青年期以降では，養育者との関係だけではなく，友人関係，恋人

序章　関係性を理解しようとする一つの試み

愛着（attachment）…

　昨今,「愛着障害」あるいは「愛着の問題」という言葉が,学校や児童養護施設などの子どもたちがいる現場からよく聞かれるようになっている。この場合の「愛着」は,「養育者との愛情に満ちた情緒的な関係」を指す語として用いられていることがほとんどである。たしかに Bowlby も,愛着を「親密な情緒的絆」として述べている場合も少なくない（Bowlby, 1988 など）。
　しかし,愛着の元々の意味は,本文でも説明したように,危機的状況において,養育者に近づくことで安全感覚を得ようする本能的な性質そのものである。したがって,愛着概念の中核には,養育者との情緒的なつながりがあるというわけではない点に留意する必要がある。本書においても,愛着を本来の意味にしたがって捉えている。読者の方々には,愛着という語があらわす内容を整理したうえで,本書を読み進めていっていただければ幸いである。

力動的心理療法（psychodynamic psychotherapy）…

　心理力動（psychodynamics）とは,個人のこころのなかに働いている様々な力の様相をさす。そうした力の相克から,当人にあらわれている心理的問題や症状を捉えようとし,その理解にもとづいて心理的な援助を行うことを力動的心理療法という。
　心理力動に関するもっとも基本的な理論は,Freud, S. によるものである。Freud, S.（1895, 1900）は,個人の心的世界は意識と無意識の領域にわけることができ,自分にとって不都合であるために意識したくないものを無意識の領域に押しやろうする動きが生じることを発見した。彼はこうした働きを抑圧と呼び,抑圧によって心理的な症状が形成されると考えた。そのため,彼が創始した古典的な精神分析においては,治療者が患者の無意識を分析し,それを患者に解釈することによって,患者は自身の無意識を意識化していき,治癒に至るとされる。そして,Freud, S. は,意識と無意識の区別だけではなく,それらの間に前意識の領域を導入したり,人間の心的構造には,エス,自我,超自我が存在していると仮定したりして,それらに働く力のあり方を探究し続けた（Freud, S, 1900, 1923）。Freud, S. は人間のこころのメカニズムをより的確に把握しようと常に努力していたのであり,後に提唱される様々な心理力動に関する理論も,同様の試みとして理解できる。

や配偶者といったパートナーとの関係が愛着をめぐる問題の中心を担うようになり（Hazan & Zeifman, 1994），親世代になるとその子どもへの愛着の世代間伝達が課題になってくるとされる（van Ijzendoorn, 1995）。他にも，愛着理論は，現在では認知心理学，神経科学，進化心理学など多くの分野とも重なりながら探究されてはいるが（Bretherton & Munholland, 1999；Shore, 2001；Simpson, 1999 など），これまで主に発達心理学に依拠して発展してきた。

　愛着理論は発達心理学を中心に発展してきた一方で，その起源は精神分析にある。実際，Bowlby はもっとも著名な精神分析家のうちの一人に数えられ，彼は愛着理論を体系化することで，Freud, S. が当初志していたように精神分析を「科学」として位置づけようと考えていた（Bowlby, 1988）。しかし，精神分析が個人の内界の探索を志向するのに対し，愛着理論はより現実的な関係性や環境に重きをおくため，精神分析は愛着理論をその潮流から遠ざけていった。こうした状況について，Bowlby 自身も以下のように述べている。

> 私は，こうした研究の知見［愛着理論］を，パーソナリティの発達と精神病理についての理解を大いに深め，また臨床的にも非常に重要性をもつものとして歓迎するものではあるが，それにもかかわらず，臨床家がこの理論の臨床的適用を検討することにあまりに遅々としているので失望してきた。
> 　　　　　　　　　　　　（Bowlby, 1988 庄司他訳 1993 ［　］内は筆者による補足）

　先述のような経緯があるとはいえ，愛着理論は，重要な他者との二者関係を探究し，苦痛を感じたときに相手に近づいて助けを求める性質に焦点をあてているため，心理療法におけるクライエント─セラピ

序章　関係性を理解しようとする一つの試み

スト関係の力動的理解，つまり転移理解に役立つのではないだろうか。これが，本書のもとになった着想である。

　近年になると，力動的心理療法において，愛着理論の重要性が指摘されるようになってきた。そのうちの一つに，精神分析において乳幼児研究の知見を取り入れようとする動きが活発化したことが挙げられる。Stern, D. N. (1985) は自身が構築した自己感に関する理論について，愛着理論と重なるところが大きいと述べており，また精神分析のセッション中に生じているプロセスを明らかにすることに多大な貢献をしている The Boston Change Process Study Group（ボストン変化プロセス研究会，以下，BCPSG と略記する）も Bowlby の研究やそこから派生した発達研究から強く影響を受けたことを認めている（BCPSG, 2010）。さらに，Adult Attachment Interview（成人愛着面接，以下，AAI と略記する）（Main & Goldwyn, 1984）が成人の愛着を測定する方法として考案されたことを契機に，転移を愛着理論と関連づけて理解しようとする試みがなされるようになってきた。AAI は親との関係に関する記憶や表象へのアクセシビリティという心的メカニズムを査定するが，そうした AAI による力動的理解にもとづき，各愛着パターンをもつクライエントの情緒の表出，語りのあり方や非言語メッセージなど様々な視点から心理療法にあらわれる転移の様相について論じられている（Holmes, 1993, 1998；Slade, 1999；Wallin, 2007 など）。

　これらの研究は，愛着と関連して転移関係がどのように生じるかについて推測することには役立つものの，クライエントの立場からの体験の理解，つまり，愛着をめぐりクライエント自身が実際にどのような体験をしているかの理解には乏しいと言えるだろう。さらに，詳しくは第二章で論じるが，愛着理論と関連づけてなされた心理療法に関する他の研究を含めても，クライエントの主観的な体験を正面から

扱ったものは筆者が知る限りほとんどない。しかし，Freud, S.（1905 渡邉他訳 2009）は転移について「一連の過去の心的体験全体が過ぎ去った体験としてではなく，医者という人物との現在進行中の関係として息を吹き返す」と述べているように，元来，転移は，クライエントがセラピストとの関係をどのように「体験」しているかに関わる概念であるため，クライエント自身の視点にもとづいた体験は転移理解においては欠かすことのできないものである。ここでの体験とは，個人のなかの非言語的な感覚，言葉としてあらわすことのできる情緒や葛藤，あるいは自らや重要な他者についての表象などの総体と捉えることができるだろう。そこで本書では，クライエント自身の視点から捉えられた体験について愛着理論にもとづいて多角的に論じることを目的とする。これにより，愛着理論はクライエントの体験理解に重要な役割を果たすようになり，いまだに隔たりの大きい力動的心理療法と愛着理論を真の意味でつなぐことができるのではないかと考えられる。さらに，本書は愛着の概念を通して個人特有の対人関係のあり方にも目を向けていることから，心理療法だけでなく，日常の様々な関係で体験されることに関して理解を深めることにも役立つだろう。

 本書の構成

　本書は，第 1 章から第 7 章，および終章から構成されている。第 1 章と第 2 章は，力動的心理療法と愛着理論の接点からクライエントの体験を明らかにしていく意義を論じたものである。心理療法と愛着理論の関係を検討した研究は今も昔も数多く存在しており，両者の相容れなさを強調している研究も，反対に心理療法実践に愛着理論をうま

序章　関係性を理解しようとする一つの試み

く取り入れようとしている研究もある。そこで，精神分析と対比しながら愛着理論の歴史的変遷を検討し（第1章），心理療法とクライエントの愛着パターンの関連を検討した研究を概観する（第2章）ことを通して，本書の立ち位置を明確にする。

　第3章から第7章では，クライエントによる心理療法の意味づけや体験について理解する端緒を得るために，筆者が実施した調査研究について述べていく。第3章から第5章は質問紙調査，第6章は映像観察調査，第7章は面接調査をもとにした内容となっており，様々な調査からクライエントの体験を多角的に論じる。各章は，愛着パターンをそれぞれもつクライエントがどう自己や親を捉えているか（第3章，第4章），どのような関係性のテーマをもっているか（第5章），セラピストに何を投影するか（第6章），自分の話を聴いてもらう際にどのような体験プロセスをたどるか（第7章）に焦点をあてている。それらの題材は，心理療法におけるクライエントだけではなく，人々が日常生活の関係性のなかで抱く気持ちや感覚とも密接に関わっているため，読者自身あるいは，周囲の方を念頭におきつつ読み進めていっていただきたい。

　終章は，各調査研究で得られた知見がどのように有機的につながり，そしてそれらが心理療法実践でどのように生かされるのかについて論じたものである。研究により示された事柄は，一般的には「絶対的に正しいこと」という印象を与えるかもしれないが，実際には仮説であるにすぎない。特に，クライエントの個別性と向き合う心理療法実践においては，そのことを常に心に留めておく必要がある。本書によって示唆されたことを目の前のクライエントにそのまま当てはめるというよりも，クライエント理解を深めるための手がかりと認識することが大切である。クライエントにそうした仮説では捉えきれないところ

が出てきたときこそがクライエントの変容の契機となりえるのであり，セラピストがその瞬間をクライエントとどのように共有できるかが大きな意味をもつ。終章では，そのような研究と実践の橋渡しについて，著名な精神分析家による二つの症例をもとに論じる。より具体的には，心理療法の重要な転換点となっていたクライエントのこころが動く瞬間を検討するとともに，クライエントが苦痛を伴いながらも変容していく過程を支えるセラピストの態度についても明らかにしたい。

外的現実と心的現実のはざま

愛着理論の歴史的変遷

序章でも述べたように，愛着理論を提唱した Bowlby は著名な精神分析家のうちの一人に数えられる。しかし，彼は「精神分析陣営からの徹底的な黙殺」を受けていたと言われるように，精神分析における彼の影響力は大きいものではないと考えられている (Holmes, 1993 黒田訳 1996)。その背景には，比較行動学や現実的な養育者との関係の重視などといった愛着理論の特色が，クライエントの内界の力動を大切にする精神分析のスタンスと相容れないとされていることがある (Holmes, 1993)。しかし，両者は本当に相容れないのだろうか。そのことを検討するために本章では，愛着理論の移り変わりをふまえつつ精神分析との差異を論じることで，愛着理論が探究してきた事柄がどのように変化してきたかについて明らかにすることを試みる。この作業を通して，本書において重要な語である「体験」が意味するところを明確にしたい。

① 愛着理論のはじまり

　愛着理論の萌芽は，保護施設にいた子どもたちとの Bowlby の関わりに見いだすことができる。Bowlby は，常習的な盗癖のある子どものうち，他者に情緒的な関心を示さないタイプの子どもを affectionless（以下，愛情欠損と表記する）と名付けた (Bowlby, 1940)。愛情欠損の子ども 16 名中 14 名で両親との関係破綻がみられ，関係破綻が認められなかった 2 名においても，遺伝的な問題や両親のパーソナリティの難しさがあったという (Bowlby, 1940)。さらに，同じ保護施設における 44 人の盗癖のある子どもたちに関する研究でも，Bowlby は，愛情欠損タイプの子どもに両親との長期の分離がみられ

たことを指摘している（Bowlby, 1944）。その後，彼は WHO からの要請で，施設での生活が孤児に与える影響に関する研究を行うようになった。その研究報告のなかで彼は「乳幼児と母親（あるいは母親代理者）との人間関係が，親密で，継続的で，しかも両者が満足と，よろこびに満たされているような状態が，精神衛生の根本である」（Bowlby, 1951 黒田訳 1967）と述べ，養育者との安定した関係が子どもにとって非常に重要であり，特に幼少期に母性的養育が剥奪されると子どもの健全な発達が阻害されやすいことを指摘した。このように，Bowlby は，実際に子どもが経験する，養育者との離別や養育者との関係の質が子どもの精神衛生やその後の発達を決定づける重要な鍵であるという考えに至り，このことが愛着理論の体系化の出発点となった。

　早期の子どもと養育者の関係に着目することに加えて，比較行動学を重視したことも愛着理論の大きな特徴である。とりわけ Bowlby は，Lorenz（1935）によって提唱された「刻印づけ」，つまりガチョウやアヒルの子などが生まれて間もない頃に見た対象に対して後追い行動をする現象から大きな影響を受けている。「刻印づけ」をはじめとした比較行動学の知見にもとづいて，Bowlby は，愛着は生命の危険を減じるための本能的な行動システムであると論じた（Bowlby, 1969）。

　先述のような問題意識や理論的基盤をもとに，Bowlby は，行動観察による研究を通して，愛着の危機における子どもの反応やそのプロセスについてまとめている。養育者との分離について，初め子どもは激しく抵抗して養育者を必死に取り戻そうとするという。その後，子どもは養育者を取り戻すことを絶望するようにみえる一方でいまだ養育者の復帰を望んでいるが，それでも養育者を取り戻せない場合，養育者から情緒的に脱愛着するに至る（Bowlby, 1973）。養育者の喪失に

よる悲哀のプロセスについては，初めは喪失を受け入れられず無感覚になる時期がみられる。その後に怒りを表現しつつ失った対象の追求がなされ，混乱や絶望の時期を経て喪失が次第に受け入れられるようになり，再建がなされていく（Bowlby, 1980）。こうして，古典的な愛着理論は愛着の危機において子どもがみせる反応を示すに至った。

また，Ainsworth & Wittig（1969）によって Strange Situation Procedure（ストレンジ・シチュエーション法，以下，SSP と表記する）が考案され，養育者に対する乳幼児の愛着パターン[1]を客観的に測定することが可能となったことで愛着理論は大きく発展していった。SSP では，母子がいる状況での見知らぬ他者との出会い，母子分離や母親との再会が実験状況に組み込まれており，それらへの乳幼児の反応によって愛着パターンが測定される。愛着パターンの測定に伴い，比較的健全な状態を示す養育者との安定的な愛着も注目されるようになり，愛着の定型的な発達についても研究対象になっていった（Ainsworth, et al., 1978）。一方，SSP を用いた臨床的な問題に関する探究も活発になり，1980 年代以降においても，愛着パターンと虐待や愛着障害などの様々な問題の関連について研究が進められた（Egeland & Sroufe, 1981 ; Greenberg, 1999）。

②　外的現実か心的現実か ── 精神分析からの批判

前節で述べたような古典的な愛着理論に対しては，Bowlby が元々立脚していた精神分析の立場から厳しい批判が数多くなされている。

---

1)　愛着パターンについては第 2 章で詳述する。

その批判は，様々になされているものの，その内容は共通点も多く，大きく二つに分類できる。

　まず一つ目は，愛着理論が外的現実，つまり客観的な観察によりその存在を確認することができるものを過度に重視しているとの批判である。Freud, A. (1960) は，Bowlby は目に見える子どもの行動にばかり関心を向けていると指摘したうえで，「我々［精神分析家］は，外的世界 (external world) で起こる出来事をそのものとして扱っているのではなく，心のなかでどのようにそれが影響しているかを扱っているのである」と述べ，Bowlby の態度が精神分析家のそれとは異なっているという見方を示している。さらに Hanly (1978) は，「Bowlby の理論において実際に起こっていることは，心理力動的な視点を放棄して，外的で，行動的な視点を用いることである」と指摘し，Bowlby が観察可能なものばかりに関心を示していると批判している。また，人間のこころへの接近方法について，Altschul (1984) は「Bowlby の論文は，徹頭徹尾，面接や調査データを大切にしており，精神分析的な臨床素材は，回顧的な性質をもつことから先入観が入ってしまうと思っているようだ」と述べ，Bowlby は臨床素材を軽視し，客観的な観察の方を重視していると論じている。Bowlby と同様に子どもの観察から精神分析に多大な貢献をした Spitz (1960) は，こうした行動観察による記述的アプローチの意義を認めつつも，得られたデータを精神分析的に説明することが大切であるとし，Bowlby は行動レベルの記述で終わっているという批判的見解を述べている。

　愛着理論が精神分析から批判を受けている二点目のポイントは，力動的視点を欠いた単純な理論であることについてである。Roiphe (1976) は，愛着を本能とする Bowlby と心的世界の力動的理解を試みる Freud, S. を対比させた上で，Freud, S. による考えの複雑さは，「精

16

神生活の複雑さを正当に反映した以外の何ものでもない」として，Freud, S. の考えを支持している。また，Schur (1960) は，Bowlby が愛着に関して本能的に反応する行動システムを想定していることにふれて，すべてが本能に帰するような単純なものではないとの見方を示している。Engle (1971) も，そうした理論の単純化に関して，「力動的かつ経済論的な視点がなくなっている」と指摘し，愛着についての力動的な説明が不十分であるという意見を述べている。

　精神分析からの愛着理論への批判を，過度に外的現実を重視していること，および力動的視点を欠いた単純な理論であることの二点から整理してきたが，これらをまとめると次のようになる。つまり，愛着理論は外的現実にばかり焦点をあてて，当人の心的現実や心理作用には目を向けていないという指摘を精神分析から繰り返し受けていると理解できる。したがって，古典的愛着理論と精神分析の間の隔たりは，外的現実と心的現実のいずれかが重視されていると考えられていることに原因があると言える。しかし，実際には，純粋な外的現実や心的現実は存在しているのであろうか。むしろ両者は一体となって当人の心的世界を構築しているのではないだろうか。このことを論じていくために，「reality」および「actuality」の概念を導入し，愛着理論のそれらへの考え方がどのように変遷していったのかについて明らかにすることを試みる。そのためにまず次節において「reality」と「actuality」についてもう少し詳しく検討したい。

③ reality と actuality

　「reality」と「actuality」が意味するところについては，これまで長

く哲学的議論がなされてきた。「reality」[2]は，認識論に関わる概念であり，ラテン語で「もの」を意味する「res」から派生した単語であるように，元来は外的に存在している事実を意味していた。しかし，カントの『純粋理性批判』(Kant, 1787)によって，そのような認識論についてのコペルニクス的転回が行われ，「現実が認識に従う」とされたことから，「reality」は外的な事実そのものをあらわすのではなく，人間の認識が反映され，構築されたものとして理解されるようになった。その後の現象学の発展や Freud, S. の心的現実の発見を経て，現在では，「reality」は当人にとって迫真性をもったものとして用いられるようになっている。それに伴って，「actuality」[3]は，「reality」が元々もっていた外的な事実という意味を担うようになっている。「actuality」は，ラテン語の原語において，「作用」という意味の「agere」の過去分詞形である「actus」が語幹にあることからもわかるように，「事物による人間への働きかけ」もしくは「人間による事物への認識作用」を含む概念とされる。これらをふまえ，以降では「reality」を「当人が事物を意味づけ，そこで迫真性をもって体験していること」，「actuality」を「事物と当人の間に何らかの作用があることによって事物が実際に存在していること」と定義づけたうえで論を進めていくことにする。「reality」や「actuality」は，実在する外界と関わっているからこそ当人の体験が生じるという視点をもっており，相互の密接な関連が想定されている点で外的現実や心的現実と異なっている。第 2 節で述べたように，古典的な愛着理論と精神分析の

---

2) 「reality」は，『哲学思想事典』によれば，「ideality と対をなし，ideality が意識のうちに観念としてあるあり方を意味するのに対比して，reality は意識とは独立に事物・事象としてあるあり方を意味する認識論的概念である」とある。

3) 「actuality」は，『哲学思想事典』によれば，「energeia（現実態）の概念に由来」し，「実現の際の他のものへの働きかけおよび動的過程性を包含する概念である」とある。

第 1 章　外的現実と心的現実のはざま

間の隔たりは前者が外的現実を，後者が心的現実を重視することから
生じていたが，愛着理論がさらに発展していくと，その隔たりはどの
ように変化していくのであろうか。次節以降では，近年の愛着理論の
流れを追いつつ，そこでの「reality」や「actuality」への考え方の変
遷を検討したい。

④　愛着理論の現在

　愛着理論の歴史的展開をみていくと，古典的な愛着理論は外的現実
を重視していたが，近年の愛着理論は「reality」および「actuality」
の概念で考えるとすれば，それらの不可分性を前提とした捉え方をす
るようになっていることがわかる。

　そうした愛着理論の転回点の一つには，内的作業モデル概念の導入
がある。Bowlby (1969, 1973) は，愛着を向ける対象である愛着対象[4]
が近くに存在するかどうかにかかわらず，恐怖を感じる事態において
個人が望む場合に愛着対象に接近可能であるかどうか，そして愛着対
象が応答してくれるかどうかが個人に表象として定着していると考
え，これを内的作業モデルと呼んだ。このように，内的作業モデル概
念は愛着理論が提唱された当初から言及されていたが，実際に研究で
よく用いられるようになったのは，1980 年代後半以降のことである
(Bretherton, 1990)。これは内的作業モデルの測定法の発展と軌を一に
している。現状では，多種多様な内的作業モデルの測定法が開発され
ており，測定法の発展によって内的作業モデルの個人差についての研

---

4)　「愛着対象」にはこれまで用いてきた「養育者」に加えて，青年期以降ではパートナー
　や友人も含む。

19

究が数多くなされている（Kobak & Sceery, 1988；Levy et al., 1998；Simpson & Rholes, 2002 など）。また，内的作業モデル自体の発展については，認知心理学とあいまって様々な複雑な表象システムが仮定されている（Bretherton & Munholland, 1999）が，坂上（2005）は，様々な研究を概観したうえで，内的作業モデルを「愛着に関する情報への注意や，愛着に関する記憶，感情，行動の体制化をすすめる，大概は無意識的に働く心的ルールとしての役割を果たし，個人の対人関係のあり方に一貫性と安定性をもたらすものである」と捉えている[5]。内的作業モデルに関する研究が盛んに行われるようになったことで，愛着理論は，実際の行動に重きをおくだけではなく心理的次元を扱う可能性も大きく広がったと言えよう。それに伴い養育者から独立している成人の愛着も研究対象となり，Bowlby が想定していた「ゆりかごから墓場まで」（Bowlby, 1979）という愛着の生涯発達を視野に入れた探究が活発化した。さらに，愛着理論は，内的作業モデルの個人差と内的力動とも関わる情動制御の関連を明らかにすることを試みている。不安定な内的作業モデルをもつ個人は，情緒を過度に制御したり，逆に制御が効かなかったりするのに対し，安定的な内的作業モデルをもつ個人は適切な情動処理が可能であることが示されている（Cassidy, 1994；Collins & Read, 1990；Kobak & Sceery, 1988）。

　内的作業モデル概念の導入に加えて，Adult Attachment Interview の考案（Main & Goldwyn, 1984）も大きな進展であろう。AAI は面接法で実施され，序章でも述べたように親との関係に関する記憶や表象へのアクセシビリティという対象となる人の心的メカニズムを査定する。さらに，近年 AAI による愛着の安定性をあらわす指標の一つとして

5）　以降，本書では，坂上（2005）の理解に沿って内的作業モデルを捉える。

注目されているのが mentallization（以下，メンタライゼーションと表記する）である。メンタライゼーションは，「個人が自分自身や他人の行動を，個人的な願望や欲求，感情，信念，論理といった志向的な心理状態を基盤に意味あるものとして，黙示的にも，明示的にも，解釈するという心的過程である」（Bateman & Fonagy, 2004　狩野訳 2008）とされる。乳児の誕生以前に測定した母親のメンタライゼーション能力は，乳児の愛着の安定性を予見できることを示す研究（Fonagy et al., 1991）に加えて，母親の高いメンタライゼーション能力は，その母親が不安定な子どもを育てるリスクが高い環境で育ったとしても，そのリスクを減らし，不安定な愛着の世代間伝達を防ぐとする研究（Fonagy et al., 1995）も存在している。以上から，内的作業モデル概念や防衛過程だけでなく AAI やメンタライゼーションに関する研究も，愛着理論が，当人が外界に対して示す反応の背景にどのような心理が働いているのかについて探究するようになったことを示している。

⑤ 愛着理論と間主観精神分析が出会うところ

　前節では，1980 年代以降の愛着理論の流れを述べた。愛着理論は 1980 年代を境に大きく変化しており，客観的観察にもとづいた行動のみを探究しようとするのではなく，愛着対象を含む外界と関わるうえで機能する当人の認知的枠組みやそれによって生じる心理過程を重視し，それらの理解を深めようとしている。すなわち，愛着理論は，外的現実を重視するという考えから外的現実や心的現実の不可分の発展がみられ，まさに「reality」および「actuality」の不可分性を前提とした考え方に変化したと言えるだろう。

そうした変化は，愛着理論の研究手法や研究対象に広がりがみられるようになったこととも関係している。古典的な愛着理論では，子どもの行動を客観的に観察することによって研究がなされているのに対し，近年では，人間の心的世界をいかに捉えるかという視点から，質問紙法や面接法も採用されるようになっている。また，そうした研究手法の拡張に伴って，研究対象も子どもだけではなく成人も含まれるようになった。

　一方，精神分析の立場からは，愛着理論の変化についてあまり考慮されていない。その理由として，第3節で紹介した愛着理論への批判はすべて1980年代までになされたものであり，近年になされた精神分析からの批判はほとんど見当たらないことが挙げられる。筆者が唯一見つけることができたのはLilleskov (1992) によるものであるが，これに関してもBowlbyによる愛着理論の単純化や欲動理論の軽視がその対象となっており，実質的には古典的な愛着理論への批判とみなすことできる。ここから，精神分析は，愛着理論を，外的現実を重視した古典的な理論として基本的に理解しており，愛着理論の発展にはあまり関心を向けていないことがうかがえる。

　近年の精神分析の流れとして間主観的なアプローチが登場しており，この考え方は主に米国で台頭してきた。元々米国の精神分析においては，自我の適応について論じたHartmann (1939) が米国に移住したこともあり，自我の機能や防衛機制に焦点をあてた自我心理学が主流になっていた。自我心理学には，Spitz (1945) やMahler et al. (1975) に代表されるように，乳幼児の直接観察にもとづいて自我発達を捉えようとする流れがあり，Bowlbyをそこに位置づけることも可能であ

る[6]。米国では，自我心理学の発展と同時期に，Sullivan を中心とした対人関係論も注目されるようになった。「精神医学の分野は対人関係の学である」（Sullivan, 1954 中井他訳 1986）と言われるように，彼らが主張する対人関係論では，治療的変化が生じるのは，患者個人のなかではなく，治療者と患者の間に創造される場であるとされる（Sullivan, 1954）。また，Kohut（1971, 1984）は，精神分析を独自に押し進め，自己心理学を提唱した。彼は，自己愛パーソナリティをもつ患者がもつ独特の自己や対象，彼らとの治療のなかで展開される転移のあり方について論じ，患者と共感的な関係を築くことの意義を主張した。対人関係論と自己心理学は，患者―治療者間の相互作用を重視する考えにおいて共通しているのである。自己心理学の流れを汲む Stolorow & Atwood（1984）は，そのような患者―治療者間の相互作用の重視を理論化し，間主観的なアプローチを提唱するに至った。

　間主観的なアプローチは，「二つの主観性 —— 患者の主観性と治療者のそれ —— の交差が構成する特定の心理的な場において起こる現象を解明しようとする」（Stolorow & Atwood, 1984）とされ，精神分析が探索するのはクライエントとセラピストによる間主観的な場において構成されたクライエントの主観的世界（subjective world）であると指摘されている（Stolorow et al., 1987）。したがって，間主観的なアプローチをとる精神分析は，クライエントが心理療法という「actual」な場をどのような「reality」として捉え，体験するかについて探究しようとしており，「reality」や「actuality」の考え方をしている点で愛着理

---

6)　実際，Bowlby は Klein 派の Riviere に教育分析を受け，Klein にもスーパーヴィジョンを受けていたが，その後，Freud, A. 派とも関わりをもっていた（Holmes, 1993）。しかし，第 2 節でふれたように Bowlby は Freud, A.（1950）からも批判され，精神分析の潮流から遠ざけられることになった。

論と共通している。愛着理論と間主観的な立場の精神分析はともに，実在する外界と関わるなかで生じてくる体験について理解を深めようとしているのである。

しかしながら，両者には大きな隔たりも存在している。愛着理論は，「愛着に関する情報への注意や，愛着に関する記憶，感情，行動の体制化をすすめる，大概は無意識的に働く心的ルールとしての役割を果たし，個人の対人関係のあり方に一貫性と安定性をもたらすものである」(坂上，2005) という内的作業モデルに代表されるように，人間を一つの情報処理システムとみなす情報処理理論にもとづいて，外側の視点から当人の認知的枠組みや心理過程を推測し，説明するという特徴をもっている。それに対して，間主観的な立場の精神分析は，Kohut (1959) の論にならい，クライエントの表現をその人自身の主観的準拠枠の外側ではなく内側から理解しようとし，クライエント自身の視点から内省的に描かれる主観的世界を大切にする (Stolorow et al., 1987)。したがって，愛着理論と間主観的な精神分析は，どのような視点から体験を捉えようとしているかというところに大きな違いがある。

これまでみてきたように，愛着理論は主に当人の外側の視点から説明される体験を探究しており，当人自身の視点から捉えられた体験については十分検討しているわけではない。しかし，外側からの視点をもつ愛着理論だからこそ，力動的心理療法を補完し，力動的心理療法に示唆をもたらす可能性も大きいのではないだろうか。愛着理論にもとづいて主観的に捉えられたクライエントの体験のあり方を検討することで，より豊かにクライエントを理解する可能性をもっているとも言える。本書では体験を「当人が実在する外界と関わるなかでその場を意味づけ，そこで迫真性をもって感じること」と定義し，特に心理

第 1 章　外的現実と心的現実のはざま

療法においてクライエント自身の視点から主観的に捉えられた体験を明らかにしていくことにしたい。

「内側」から体験をまなざす

これまでの研究の概観

第 2 章 「内側」から体験をまなざす

　本章では，愛着理論をもとにクライエント自身の視点から捉えられた体験について探究する意義をさらに明確にしたい。クライエントの愛着パターンと心理療法の関連を扱った研究は数多く存在している。例えば，Daniel（2006）は，そうした研究のうち，統計的検討を用いた研究を心理療法の効果に関する研究と心理療法のプロセスに関する研究にわけて概観している。Daniel（2006）が取り上げた研究以外に，事例研究も多いのに加えて，新たな研究や我が国の研究などもある。そこで本章は，クライエントの愛着パターンと心理療法の関連についての研究を幅広く概観し，その成果と課題を明らかにすることを目的とする。

 愛着パターンとは

　これまでの研究をみていく前に，クライエントの愛着パターンに着目する意義や各パターンの特徴を述べ，本書における愛着パターンの捉え方を示したい。
　序章でもふれたが，本書では愛着パターンを「愛着の個人差を数種類に類型化したもの」と捉える。愛着パターンは個々人の内的作業モデルの質によって規定されている（Shaver & Mikulincer, 2004）。先述のように，クライエントの愛着パターンと心理療法で生じる転移は関連していることが想定されるが，クライエント―セラピスト関係は非日常的なものであるため，クライエントの愛着パターンがそのまま転移関係に反映されるわけではないであろう。それでも，愛着パターンは情動制御など情報処理に関わることから，愛着パターンの観点からクライエントの体験を検討することで新たな理解が得られる可能性は十

分ある。そこで本章以降では，クライエントの愛着パターンに着目して論を進めていく。Slade（1999）も同様の立場から「クライエントの愛着分類について考えることは，クライエントの体験を理解するガイドとして役立つ」と述べている。

　第 1 章で述べたように，Ainsworth & Wittig（1969）によって SSP が考案されたことで初めて愛着パターンの測定が可能となった。SSP は乳幼児に対して実施され，乳幼児の愛着パターンを愛着回避型，安定型，不安 / アンビバレント型の 3 つに分類するものである。そして後に Main & Solomon（1990）によって無秩序 / 無方向型が新たな分類として追加された。Ainsworth et al.（1978）によると，愛着回避型は，母親との再会場面でも，拒否的な態度をとり，母親が抱き上げてもしがみつかず，抱くのをやめても抵抗しないという。安定型は，母親との分離の際に多少不安を示すが，再会すると嬉しそうに近づいていく。母親と再会した後には，母親を基点として探索行動をとる。不安 / アンビバレント型は，分離の際には強い悲しみや不安を示すが，再会時には，母親に近づこうとしつつも強い怒りを表出するなど，快と不快の情緒がないまぜになったようなアンビバレントな態度をとる。無秩序 / 無方向型は，矛盾した行動パターンをとる（Hesse, 1999）。例えば，母親にしがみついているのに目を背けて激しく泣いたり，両手を挙げたまま固まってしまったりするなど，無秩序 / 無方向型には行動方略が一時崩れてしまうような様子がみられることもある。

　成人の愛着パターンの測定については，現在では二つの方法が大勢を占めている。一つは AAI によるものである。AAI は，対象となる成人を自律 / 安定型，愛着軽視型，とらわれ型，未解決 / 無秩序型という 4 つのパターンのいずれかに分類する（Hesse, 1999）。Hesse（1999）によると，自律 / 安定型は協力的な語りをし，体験自体が好ましいか

どうかにかかわらず，その描写や評価は一貫しているという。愛着軽視型は，愛着に関する体験や関係性を軽んじ，親を理想化して語る一方で詳細なエピソードを語ることはしない傾向にある。とらわれ型は，過去の愛着対象との関係や体験にとらわれており，怒っていたり，おそれていたりするようにみえる。また，彼らの語りは冗長で，語法にも乱れがみられる。未解決／無秩序型の特徴は，愛着にかかわる喪失や虐待についてのエピソードを語る際に，混乱した様子がみられることにある。亡くなっている人が物理的にまだ生きていると語るなど，彼らは現実検討に欠けた語りをしやすい。AAI 分類の自律／安定型，愛着軽視型，とらわれ型，未解決／無秩序型はそれぞれ，SSP における安定型，愛着軽視型，不安／アンビバレント型，無秩序／無方向型に対応していると考えられている。

　もう一つの流れは，質問紙[1]による測定である。その代表的なものに Relationship Questionnaire（以下，RQ と略記する）（Bartholomew & Horowitz, 1991）や The Experiences in Close Relationships Inventory（以下，ECR と略記する）がある。これらによって測定される愛着パターンは，Bartholomew & Horowitz（1991）が提唱した自己観と他者観という直交する二次元から構成される（図 1）。自己観と他者観の定義としては，Bowlby（1973）によって指摘された自己に関するモデルと愛着対象に関するモデルがそれぞれ採用されている。具体的には，自己に関するモデルは，「自分が他者から，特に愛着対象から助けをもらいやすい種類の人物であるかどうか」，愛着対象に関するモデルは，「愛着対象は援助や保護を求めたときに応答してくれる人物であるかどう

---

1)　概念的枠組みである AAI と研究法の一つである質問紙を対比することに批判的な見方もあるかもしれないが，成人の愛着研究では，慣例的に両者を対比させて検討されているため，本書でもこの対比を用いる。

```
                        自己観（見捨てられ不安）
                        肯（低）      否（高）
            ┌─────────┬─────────┐
        肯  │         │         │
   他   （  │  安定型  │ とらわれ型 │
   者   低  │         │         │
   観   ）  │         │         │
   （      ├─────────┼─────────┤
   親   否  │         │         │
   密   （  │  軽視型  │  おそれ型  │
   性   高  │         │         │
   の   ）  │         │         │
   回      └─────────┴─────────┘
   避
   ）
```

図 1　RQ や ECR における愛着パターン 4 分類

か」である。RQ と ECR は，回答者を，自己観と他者観それぞれの
肯否の組み合わせによって安定型，軽視型，とらわれ型，おそれ型の
いずれかに分類する。RQ は，4 分類の特徴を記述した各文章から自
らに当てはまるものを一つ選択させる強制選択式の尺度である。一方，
ECR は多項目式の尺度であり，以前から存在した 60 もの愛着パター
ン尺度を因子分析により集約したものである。また，ECR による 4
分類は RQ の分類と同様であるが，自己観は見捨てられ不安（もしく
は関係不安），他者観は親密性の回避（もしくは関係回避）に言い換え
られている。Bartholomew & Horowitz (1991) によると，安定型は，他
者との親密な関係を心地よく感じ，自律性も維持できる。軽視型は，
他者の重要性を最小化し親密さを回避しようとする。とらわれ型は，
他者に依存的であり，親密な関係性にのめり込む。おそれ型は，内心
では他者との親密な関係を求めるものの，拒否されるのを恐れるため
に，実際には自ら親密な関係を拒む。
　AAI や質問紙が，それぞれ成人の内的作業モデルの何を測定し，
愛着パターンとして類型化しているかについては数多くの議論がなさ

れている（Hesse, 1999；Jacobvitz et al., 2002；Shaver & Mikulincer, 2004
など）。その議論のなかで，両者には測定対象と方法に差異があるこ
とが指摘されている。AAI は主に過去の親との関係を対象としてい
るのに対し，質問紙は，現在の一般他者もしくは恋愛関係をはじめと
したパートナーとの関係を査定している。さらに，AAI では，得ら
れた語りは中立の評定者によって厳密なコーディングシステムにもと
づいて評定されるのに対し，質問紙では，回答者の主観的な報告に依
拠して分類がなされる。実際，Crowell et al. (1999a) は，AAI をはじ
めとした面接法と質問紙法による愛着パターンの相関はみられないこ
とも多く，相関が見いだされたとしても中程度であるとも論じている。
これらをふまえ，Jacobvitz et al. (2002) は，AAI は無意識的プロセス
を測定しているのに対し質問紙は意識的評価を査定していると指摘し
ている。一方で，質問紙によって測定された愛着パターンも無意識的
なプロセスを含んでいるという主張もなされている（Shaver &
Mikulincer, 2004）。Shaver & Mikulincer (2004) は，無意識的，潜在的
な過程を測定する実験と質問紙により測定された愛着パターンの関連
についての研究を概観した。その結果，彼らは，質問紙による愛着パ
ターンは AAI による各分類に特徴的な無意識的な情報処理方略も測
定しており，質問紙による愛着パターンは AAI 分類と同一とは言え
ないが，中核的な特徴は共通していると結論づけた（Shaver &
Mikulincer, 2004）。その意味で，RQ や ECR などの質問紙によって分
類される安定型，とらわれ型は AAI 分類の自律安定型，とらわれ型
にそれぞれ対応し，質問紙による軽視型とおそれ型は，AAI 分類で
の愛着軽視型から派生するという考え（Bartholomew & Horowitz, 1991）
にも一定の妥当性があるのである。
　本書の第 3 章から第 7 章で述べる調査研究では，愛着パターンと

してRQやECRの4分類を用いる。その理由としては，AAIの3分類よりも4分類の方がクライエントの体験の特徴をより細やかに検討できるのに加えておそれ型がRQやECRの4分類にのみ存在していることが挙げられる。おそれ型は，他者との関係性を求める一方で他者から拒否されることに敏感であるという特徴をもっており，対人不安が強いパターンである。そのため，心理療法において，おそれ型に相当するクライエントをどのように理解し，彼らにどのように対応するかについては，慎重に検討すべき問題であろう。よって，本書では，おそれ型クライエントとの心理療法への一助とすることも念頭におきつつ，調査研究においてRQやECRの4分類を用いて愛着パターンを測定したい。

　精神病理と愛着パターン4分類の関連について，安定型は抑うつや不安といった神経症水準にとどまるものとの関連があるが，重度の精神障害を患う可能性は低い (Slade, 1999)。軽視型は誇大的な自己愛，強迫性障害，心身症，摂食障害との関連，とらわれ型はヒステリーや境界性パーソナリティ障害との関連が指摘されている (佐藤，1998；Slade, 1999)。おそれ型は過敏型の自己愛や抑うつとの関連が想定されている (工藤，2004)。

　これまでみてきたように，愛着パターンの測定や各パターンの特徴について数多くの研究があるが，愛着パターンは一定の持続性をもつものの，生涯を通じて変化しないというわけではなく，愛着対象との関わりのなかで移り変わりうるものとされる (Fraley & Brumbaugh, 2004)[2]。さらに，心理療法に来談するクライエントが，必ずしもいずれかの愛着パターンの特徴を顕著にもっているというわけではないだ

───────────────

2）　心理療法による愛着パターンの変化を検討した研究もあるが，それについては次節で論じる。

第 2 章 「内側」から体験をまなざす

ろう。したがって，本書では，いずれか一つのパターンを目の前のクライエントに固定化して当てはめようするのではなく，愛着パターンを，クライエントの当面の特徴をあらわしているものとして捉えることとする。

② クライエントの愛着パターンと心理療法

　クライエントの愛着パターンと心理療法の関連についての研究のうち，統計的検討を用いたものは，(1) 心理療法の効果に関する研究と (2) 心理療法のプロセスに関する研究に大別できる (Daniel, 2006)。本節では，さらに (3) 事例，著者の臨床経験および AAI による知見をもとにクライエントの特徴を具体的に記述した研究（以下，クライエントの具体的特徴に関する研究）も加えたうえで概観したい。

2-1　心理療法の効果に関する研究

　ここには，クライエントの愛着パターンを用いて心理療法の効果を測定している研究が当てはまる。さらに効果に関する研究は，心理療法を経てクライエントの愛着パターンに変化がみられることを示す研究と，心理療法開始当初に測定した愛着パターンによって心理療法の効果に差異があることを明らかにする研究にわけることができる。

(1)　愛着パターンの変化
　クライエントの愛着パターンの変化に着目した研究では，実施した心理療法の有効性を検証するため，クライエントがもつ安定型以外の

35

不安定型もしくは未解決 / 無秩序型の愛着パターンが心理療法によっていかに減り，安定型が増すかについて検討されている。

　Fonagy et al. (1995) は，精神疾患の入院患者 82 名に対し，個人および集団の精神分析的心理療法を含む治療を行い，患者の入院時と退院時に AAI を実施した。その結果，82 名のうち 35 名の愛着パターンに変化がみられ，その 35 名のうち 40％が退院時には自律 / 安定型に変化していた。その 35 名全員が入院時には不安定型に分類されていたという。なお，Fonagy は，自我心理学の潮流に位置する精神分析家であるが，患者の問題は患者のなかにあると理解する自我心理学を，愛着理論を基礎に二者の関係性に依拠したものとして発展させた人物である（池田，2010）。第 1 章で論じた Fonagy によるメンタライゼーション概念の提唱は，こうした立場にある彼の大きな業績として捉えることができる。

　Stovall-McClough & Cloitre (2003) は，幼少期の虐待に関わる PTSD をもつ女性患者 18 名に対して，心理療法の一種である持続エクスポージャー療法，もしくは情動や対人関係に関するスキルトレーニングを 16 セッション行い，その前後に AAI を実施した。治療前には未解決 / 無秩序型が 13 名いたが，治療後には 5 名に減り，治療前に 2 名だった自律 / 安定型が 9 名に増えていた。

　Levy et al. (2006) は，どのオリエンテーションの心理療法が人格障害の患者に対して有効であるかについて AAI を用いて検討した。Levy et al. (2006) は，90 名の人格障害の患者を，アプローチが異なる三つの心理療法（転移焦点化心理療法，弁証法的行動療法，修正精神分析的支持的心理療法）のいずれかに割り当て，心理療法開始時とその 1 年後に AAI を実施した。その結果，1 年後の AAI では，転移焦点化心理療法の患者のみ自律 / 安定型の数が有意に増えていた。

Diamond et al. (2003) は，境界性人格障害のクライエント 10 名に対して転移焦点化心理療法を行った効果について検討した。心理療法開始時とそれから 1 年後に AAI を実施したところ，10 名のうち 3 名が不安定型もしくは未解決型 / 無秩序型から自律 / 安定型に変化し，別の 3 名は不安定型もしくは未解決型 / 無秩序型から分類不能となった。残りの 4 名には変化がみられなかった。また，心理療法開始時に未解決 / 無秩序型に分類された 4 名は皆，1 年後にはそうとは分類されなくなっていたという結果も示された。

Travis et al. (2001) は，29 名のクライエントに平均 21.4 セッションの期間を制限した力動的心理療法を行った。これまでの研究は AAI を用いて愛着パターンを把握していたのに対し，Travis et al. (2001) は心理療法開始時と終結時の面接映像をもとに，中立の評定者が愛着パターンを ECR の 4 分類のいずれかに分類していた。心理療法開始時は 29 人全員が不安定型（軽視型 7 ％，とらわれ型 38 ％，おそれ型 55 ％）に分類されたが，終結時には安定型 24 ％，軽視型 14 ％，とらわれ型 34 ％，おそれ型 28 ％となっており，安定型の増加とおそれ型の減少が統計的に有意な結果であった。

AAI を用いていない Travis et al. (2001) を含めた上記の研究すべてで中立の評定者がクライエントの愛着パターンを査定しており，そこでは不安定型もしくは無秩序 / 未解決型のクライエントが心理療法によって安定型に変化することが概ね示されている。

(2) 愛着パターンによる差異

心理療法開始当初に測定した愛着パターンと心理療法の効果の関連についての研究は，心理療法がどのような愛着パターンをもつクライエントにより有効かを検討するために行われている。

Fonagy et al. (1996) では，上記の Fonagy et al. (1995) と同じ患者のうち，入院時に実施された AAI で軽視型に分類されたクライエントは，他のパターンよりも退院時の機能の全体的評定（以下，GAF と略記する）が有意に高かった。

Tyrrell et al. (1999) は，クライエントと援助者の愛着パターンの相互作用を検討した。クライエントと彼らのケースマネージャー[3] 54 人に AAI を実施し，AAIQ セット法[4]（Kobak, 1989）をもとに愛着の評定を行った。研究の結果，愛着の活性度が低いクライエント（e.g. 軽視型）は，活性度の高いケースマネージャー（e.g. とらわれ型）と組んだ方がクライエント評定の生活満足度やケースマネージャー評定の GAF が高くなっており，逆のペアも同様の結果がみられた。ただ，この研究は心理療法におけるセラピストではなくケースマネージャーを対象としており，あくまで参考として捉えておく必要がある。

Levy et al. (2011) は，14 論文に記載された 19 種類の心理療法の効果について，愛着の安定性と，関係不安および関係回避の二次元の観点からメタ分析を行った。なお，このメタ分析では AAI を用いた研究は対象となっていなかった。愛着の測定の内訳は質問紙によるものが 16，セラピストによるものが 1，第三者によるものが 2 であった。効果の測定の内訳は，質問紙のみによるものが 9，第三者のみによるものが 4，それらの併用が 6 であった。メタ分析の結果，愛着の安定性と心理療法の効果には正の関係が，愛着不安と心理療法の効果には負の関係が示された。さらに，クライエントが女性もしくは高齢の場

---

3) 日本における「ケアマネジャー」に相当すると考えられる。

4) AAIQ セット法とは，AAI における分類基準から Kobak が抽出した 100 項目を，調査協力者にいかに当てはまるかについて並び替えることで愛着の測定を行おうとするものであり，愛着の安定性と活性度の二つの観点から評定される。

第 2 章 「内側」から体験をまなざす

合には愛着の安定性と心理療法の効果の正の関係が弱くなっていた。
　Levy et al.（2011）のメタ分析に含まれていない AAI 以外の研究としては，Sauer et al.（2010）がある。Sauer et al.（2010）は，95 人のクライエントに対し，心理療法初期に質問紙を用いて愛着パターンを測定した。クライエントの愛着が安定的であるほど，心理療法終結時に質問紙によって測定された抑うつや不安といった心理的苦痛が低くなっていた。
　これまで述べてきた研究において，愛着パターンや心理療法の効果の測定は，質問紙や第三者による評定など様々な方法でなされていた。しかし，研究結果としては，心理療法開始当初にクライエントが安定型であると心理療法の効果が高くなっており，愛着パターンや心理療法の効果が様々な水準で測定されていながらも，ある程度一貫した結果が得られている。
　これまでみてきたように，効果に関する研究は，効果の指標が心理療法の前後でいかに変化したかを検討しており，実施された心理療法を外側の視点から評価していると理解できる。

2-2　心理療法のプロセスに関する研究

　この種の研究では，クライエントとセラピスト間の協力的な関係である治療同盟の評価，セラピストの介入，クライエントのふるまいなど，心理療法のプロセスにおいて重要なトピックと愛着パターンの関連が検討されている。

(1)　治療同盟の評価
　クライエントの愛着パターンと治療同盟の評価の関連についての研

究は，治療同盟が好ましいものであると心理療法の効果が高くなること（Horvath et al., 2011 など）から，心理療法の基盤となる治療同盟の質がクライエントの愛着パターンによってどのように異なるのかを探究している。なお，これらの研究において治療同盟は，主に，治療目標がクライエントとセラピスト間で一致しているか，実際に行っている課題に対する認識が両者間で一致しているか，両者の情緒的絆はどのように形成されているかという点から質問紙によって評価されている。

先述の Tyrrell et al. (1999) は，治療同盟の評価に関してもクライエントと援助者の愛着パターンの相互作用があることを示した。そこでは，AAIQ セット法で評定された愛着活性度が低いクライエント（e.g. 軽視型）は愛着活性度の高いケースマネージャー（e.g. とらわれ型）と組んだ方が治療同盟の評価は高くなり，その逆のペアも同様に治療同盟の評価が高くなっていた。

Diener & Monroe (2011) は，質問紙で測定されたクライエントの愛着パターンとクライエントによる治療同盟の評価の関連についての 17 の研究をメタ分析した。メタ分析によると，愛着の安定性が高いと治療同盟は高く評価され，不安定性が高いと低く評価されていた。さらに，セラピストによる治療同盟の評価と比較してクライエントによるそれはクライエントの愛着パターンとより密接に関連していた。

Bernecker et al. (2014) も，質問紙により測定されたクライエントの愛着パターンとクライエント評定の治療同盟の評価の関連についての 24 の研究をメタ分析した。なお，24 のうち 10 の研究が Diener & Monroe (2011) でも分析対象になっていた。メタ分析の結果，関係不安と関係回避の両方が治療同盟の評価と負の関係にあった。

吉見・葛西 (2009) は，17名をクライエントに見立てて心理療法ロー

40

第 2 章 「内側」から体験をまなざす

ルプレイを 2 セッション行った。その結果，質問紙によって測定されたクライエントのアンビバレント得点（とらわれ型に対応する）とクライエントによる治療同盟の評価の間に負の相関がみられた。

　この種の研究では，Tyrrell et al.（1999）だけが AAI を用いて援助者とクライエントの愛着パターンの相互作用を検討しており，他の研究と愛着パターンの測定法や問題意識が異なっていた。質問紙を用いて愛着パターンを測定している研究では，クライエントの愛着パターンが安定型だと治療同盟の評価が高く，不安定型だとその評価が低くなることが一貫して示されている。

(2) セラピストの介入

　クライエントの愛着パターンとセラピストの介入の関連についての研究は，セラピストによる介入の実際を明らかにすることで，介入がより適切なものとなることを目指して行われている。

　Dozier et al.（1994）は，援助者の介入におけるクライエントと援助者の愛着パターンの相互作用を検討した。27 人のクライエントと彼らの 18 人のケースマネージャーに AAI を実施して AAIQ セット法による評定を行い，ケースマネージャーへの面接調査をもとにクライエントの依存欲求への反応と介入の深さを評定した。その結果，安定型のケースマネージャーはクライエントの潜在的な依存欲求に反応しやすい一方で，不安定型のケースマネージャーは顕在的な依存欲求に反応しやすかった。さらに不安定型のケースマネージャーは軽視型よりもとらわれ型のクライエントに情緒的な介入をしやすかった。Tyrrell et al.（1999）と同様，この研究もケースマネージャーを対象としていることに留意する必要がある。

　Hardy et al.（1999）は，10 名に対する力動的対人関係療法における

面接記録をもとに AAI に準じてクライエントの愛着パターンを分類
し，クライエントの愛着パターンによるセラピストの介入の差異を明
らかにすることを試みた。その結果，セラピストは，とらわれ型のク
ライエントには問題の理解を促すリフレクションを，軽視型のクライ
エントには新たな理解を提示する解釈をしやすかった。

　Rubino et al. (2000) は，臨床心理学を専攻する大学院生 77 名に，
ECR の 4 分類の特徴をそれぞれもつクライエントのロールプレイ映
像をみせ，自分がセラピストならどのように介入するかを尋ねた。そ
の結果，調査協力者の関係不安が高いと回答の共感性が低く，特に安
定型とおそれ型のクライエントへの共感性が低かった。また，調査協
力者は，安定型と軽視型よりもおそれ型のクライエントに共感を示し，
軽視型よりもとらわれ型クライエントに共感を示した。さらに，調査
協力者は，安定型と軽視型よりも，おそれ型クライエントにはクライ
エントが意識していないことを返すといった深い介入をしやすかっ
た。

　これらの研究では，愛着パターンの測定法が異なっていることもあ
り，得られている結果は様々である。ただ，Hardy et al. (1999) や
Rubino et al. (2000) からは，関係を回避する傾向が高いクライエント
には，共感的というより新たな理解を提示する解釈的な介入がなされ
やすいことが共通して示されていると言えるのかもしれない。

(3)　クライエントのふるまい
　クライエントの愛着パターンとクライエントのふるまいの関連につ
いての研究は，クライエント理解を深めることを目指して行われてい
る。
　Dozier (1990) は，深刻な精神疾患をもつ患者 42 名に AAI を実施し，

AAIQ セット法を用いて愛着を評定した。愛着の安定性の高い患者は，臨床家に治療に対して意欲的であると評価されやすく，愛着の活性度が低い患者（e.g. 軽視型）は治療をあまり活用しないのに加えて助けを求めることをせず，自己開示もあまりしないという評価を受けやすかった。

　Korfmacher et al. (1997) は，低所得者の初産の母親 55 名に対して AAI を実施し，子どもが 12 ヶ月になるまで個人療法と集団療法を行った。安定型の母親は，他のパターンよりも洞察的心理療法，支持的心理療法など様々な治療法を受け入れやすく，軽視型および無秩序 / 未解決型の母親は安定型よりも治療に情緒的にコミットしにくかった。さらに無秩序 / 未解決型の母親は他のパターンよりも，配偶者との喧嘩や子どもの病気など，具体的かつ緊急の支援を多く必要とした。

　Saypol & Farber (2010) は，117 人のクライエントに質問紙調査を実施した。その結果，愛着の安定得点が高いと自己開示しやすく，軽視得点が高いとあまり自己開示しないと回答された。また，安定得点の高さと，自己開示後の快感情の高さおよび不快感情の低さとの間に正の相関があり，おそれ得点の高さと自己開示前後での不快感情の高さの間にも正の相関がみられた。

　この種の研究では，AAI や質問紙によって愛着パターンが測定されており，主に治療への意欲や自己開示の程度について検討されている。愛着パターンの測定法によって研究結果が異なるわけではなく，安定型クライエントは治療に意欲的で自己開示をしやすく，軽視型クライエントは自己開示をあまりしないことが一貫して示されている。

　これまでみてきたように，プロセスに関する研究は，クライエントとセラピストが実際にどのような関わりあいをするのかについて，治療同盟の評価，セラピストの介入，クライエントのふるまいという側

面から愛着パターンとの関連を客観的に検討しているものと捉えることができる。

2-3　クライエントの具体的特徴に関する研究

　これまでみてきた研究以外にも，事例，著者の臨床経験および AAI による知見をもとにクライエントの特徴を具体的に記述した研究も数多く存在している（Homes, 1993, 1998；工藤，2004；三上，2009, 2013；Slade, 1999；Szajnberg & Crittenden, 1997；Wallin, 2007）。こうした研究も，先述のクライエントのふるまいに関する研究と同様，クライエント理解を深めることを目指して行われている。

　Slade（1999）は，AAI の知見，自らの臨床経験あるいは他の研究を参照しつつ，AAI 分類の安定型，愛着軽視型およびとらわれ型クライエントとの心理療法における，クライエントの情緒の表出，治療関係，逆転移感情の様相について整理した。その結果，安定型クライエントは情緒の表出が柔軟かつ一貫している傾向にあった。愛着軽視型クライエントは，情緒や対人関係を重要視していないため，最小限しか情緒を表出しなかった。軽視型との心理療法において，セラピストは彼らに締め出されたような感覚になったり，不毛の地にいるような気持ちになったりした。とらわれ型クライエントは愛着に関する情緒が制御されておらず，情緒的な体験に圧倒されているようにみえ，彼らに対してセラピストは，圧倒されたり，混乱したりするなど強い情緒を抱きやすかった。

　Szajnberg & Crittenden（1997）は，クライエントの愛着パターンが AAI 分類にそれぞれ当てはまる事例を取り上げて，クライエントの愛着パターンと心理療法初期にあらわれてくる転移の関連について検

44

討した。安定型クライエントは，セラピストの解釈に対して連想を広げ，自らの情緒や考えを探索していきやすいこと，そうしたクライエントが内省する様子にセラピストは好ましい感覚を抱きやすかった。愛着軽視型クライエントは，感情的になることはあまりないが彼らの身体の動きからは情緒的な揺れ動きが見てとれること，生育史についてクライエントは「良かった」と語るものの，セラピストはその状況を厳しいと感じることが指摘された。未解決のトラウマをもつとらわれ型のクライエント[5]は，矛盾した語りをしたり，セラピストに投影する人物が頻繁に入れ替わったりするように，混沌とした状態にあり，心理療法においてそのような混乱したクライエントを抱える一貫した環境を提供することが大切だと考えられた。

　Holmes（1993, 1998）は，個々の経験を意味づけ，一貫した物語を構成する力と安定型の関連を指摘し，AAI の各分類を特徴的にもつクライエントによって物語のあり方が異なることについて事例を取り上げながら論じた。愛着軽視型クライエントは，他の可能性に開かれにくい硬直した物語に固執しやすいため，心理療法では物語を「壊す」ことが目指されると論じられた。とらわれ型クライエントは，物語にならない体験に圧倒されているため，心理療法では物語を「つくる」ことが重要とされた。未解決／無秩序型クライエントは，トラウマに伴う苦痛を抱える物語を見つけられてないため，まずはセラピストとの関係に安全である感覚を抱くことが重要な意味をもつと指摘された。

　Wallin（2007）は，心理療法においてクライエントとセラピスト間の非言語コミュニケーションに着目する重要性を指摘しつつ，AAI

5）　とらわれ型と未解決／無秩序型両方の特徴をもったクライエントと考えられる。

による分類をそれぞれもつクライエントとの心理療法における
enactment（以下，エナクトメントと表記する）[6] の特徴を中心に事例を用
いながら示した。愛着軽視型クライエントは，生気に乏しく，自らの
情緒を遮断しているようにみえるが，身体を通して情緒の微妙な動き
が表現されやすかった。とらわれ型クライエントは，自らの情緒に圧
倒されており，無秩序の体験を秩序だったものとして構成することに
難しさがみられた。未解決 / 無秩序型クライエントはトラウマをもっ
ていることが多く，意識的には苦痛から救われたいと思っていても，
無意識的には何の助けも希望もないという危険な関係をセラピストと
の間にも作りだしてしまう可能性が示唆された。未解決 / 無秩序型ク
ライエントに対してセラピストは，救いたい気持ちもしくは攻撃した
い，見放してしまいたい気持ちを抱きやすかった。

　三上（2009，2013）は，心理療法にクライエントの愛着パターンが
持ち込まれることを想定して事例研究を行った。その結果，心理療法
でクライエントが安心して自らについて探索できるようになるために
は，セラピストは逆転移を通してクライエントの愛着パターンが心理
療法にどのようにあらわれているかについて理解し，クライエントの
愛着パターンを「確証」するのではなく，「反証」していくことが大
切であると指摘された。

　工藤（2004）は，クライエントの見立てに Bartholomew & Horowitz
（1991）による愛着パターン 4 分類を活用することを試みており，面
接初期の事例をもとに，不安定型をそれぞれもつクライエントの語り
の形式や内容，情緒の表出，逆転移感情の特徴をまとめた。軽視型ク

6）　エナクトメントとは，「患者か分析家，あるいはその両方にみられる，行動の形を取っ
　　たコミュニケーションで，転移―逆転移の相互交流のなかから生起しながら，同時に過
　　去の行動や心理的経験の再版でもあるもの」（Jacobs, 2005 吾妻訳 2008）とされる。

ライエントは，理想化された自己や親について語るが，情緒の表出に関しては一般他者への不満を述べるにとどまっており，対象への怒り，悲しみ，不安は表明されにくかった。彼らに対してセラピストは情緒の乾いた感じを抱きやすかった。とらわれ型クライエントは，まとまらない詳細なエピソードを語り，怒り，悲しみ，不安などを多く表出しやすかった。彼らに対して，セラピストは重たさや何かをしなければいけない感覚を抱きやすかった。おそれ型クライエントは，淡々とした口調で断片的なエピソードを語り，苦痛を感じているように思われてもそのことを表明しにくかった。さらに，彼らが心理療法のなかで対象を非難し，攻撃することはあまりみられなかった。彼らに対してセラピストは，主訴の背景の理解しづらさ，情緒の伝わらなさ，傷つけたことへの恥ずかしさを抱きやすかった。

　これまでクライエントの特徴を記述した研究をそれぞれみてきたが，これらの知見は，今後本書で行っていく考察において重要な意味をもっているため，ここで改めてまとめておきたい。安定型クライエントは語りを自ら展開させ，情緒の表出も過度なものにはならない。彼らとの心理療法において，セラピストは，内省的に語る彼らを好ましいと感じやすい。軽視型クライエントは，抽象的，知的な語りをしやすく，その語りは他の可能性に開かれていない硬直した物語になりやすい。また，彼らは生気に乏しく，悲しさや不安といった情緒をあらわしにくい。ただ，姿勢や声のトーンなどの非言語的コミュニケーションを通じては，彼らのなかに微細な情緒が動いているようにみえる。彼らは，情緒だけではなく対人関係にも価値をおいておらず，彼らとの心理療法において，セラピストは，締め出された感覚を抱きやすい。とらわれ型クライエントは，情緒を制御することが難しく，悲しみや不安などの否定的な情緒を多く表明しやすい。彼らの話はまと

まりにくく，情緒に圧倒された体験を，意味をもった物語として秩序立てることに困難がある。彼らはセラピストに依存的なあり方を示し，アンビバレントな情緒を抱きやすい。彼らとの心理療法において，セラピストは，重たさや圧倒された感覚を抱きやすい。おそれ型クライエントは，断片的なエピソードを語り，苦痛や対象への攻撃をあまり表出しない。彼らに対してセラピストは主訴の背景の理解しがたさ，情緒の伝わらなさ，クライエントを傷つけたことへの恥ずかしさを感じやすい。無秩序／未解決型クライエントは，矛盾した内容を話すことも少なくなく，治療に抵抗やおそれを示しやすい。また，彼らは未解決なトラウマを有している場合が多く，そのトラウマはあまりに生々しいものであるため，一貫した物語にはなりにくい。彼らとの心理療法においては，まず彼らに安全な感覚を抱いてもらうことが大切になる。彼らに対して，セラピストは，彼らを救いたい気持ちになる一方で，攻撃したい，あるいは見放してしまいたい気持ちも抱きやすい。

　これらの研究では，セラピストもしくは著者がクライエントの愛着パターンを見立てているか，あるいはAAIの各分類にあてはまるクライエントが心理療法に来談したことが想定されている。そこでは，各愛着パターンを示すクライエントの語り，情緒表出，非言語コミュニケーションなど，主に転移のあらわれ方がセラピストからみた特徴として整理されており，心理療法において生じるセラピストの気持ちもクライエント理解に活用されている。これらの研究は，転移の様相を検討することを通じて，クライエントが心理療法でどのようにふるまうかだけではなく，統計的検討では捉えることの難しい，クライエントの思考や情緒の細やかな揺れ動きについても明らかにすることを試みている。

第2章 「内側」から体験をまなざす

③ クライエントの体験をまなざす視点

　これまでクライエントの愛着パターンと心理療法の関連についての研究を概観してきた。研究の概観によると，クライエントの愛着パターンは，心理療法の効果に関する研究，心理療法のプロセスに関する研究，クライエントの具体的特徴を記述した研究のなかで論じられていた（表1）。これらの研究は，主に実施した心理療法やクライエントを客観的に理解するうえで重要な示唆を与えてくれる。一方で，序章でも述べたように，特に力動的心理療法においては，クライエントの体験理解も非常に重要になる。クライエントの特徴を記述した研究は，心理療法においてどのように転移が生じるかについて検討することを通じて，クライエントの体験を明らかにすることも視野に入れている。ただし，この種の研究では，あくまでセラピストの視点からみたクライエントの特徴が論じられており，クライエント自身が心理療法という場をどのように意味づけ，そこでどのような体験をしているかについては中心的に検討されているわけではない。第1章で，間主観的な精神分析はクライエントが主観的に捉えた体験を大切にするのに対し，愛着理論は情報処理理論をもとに当人の外側の視点から体験を推測すると論じたが，クライエントの特徴を記述した研究も近年の愛着理論と同様の特徴を有しており，外側の視点からクライエントの体験を説明，推測する研究であると理解できる。したがって，クライエントの愛着パターンと心理療法の関連についての研究には，主にクライエントの外側の視点から検討がなされるという特徴があるが，クライエントの実感に目を向ける，つまり，クライエントの体験を「内側」からまなざすことで，多面的なクライエント理解が可能となり，クラ

表1　クライエントの愛着パターンと心理療法の関連についての研究の概観のまとめ

研究の分類	代表的な研究	意義
心理療法の効果に関する研究	Fonagy et al. (1995) Levy et al. (2011)	実施した心理療法を外側の視点から評価する。
心理療法のプロセスに関する研究	Diener & Monroe (2011) Hardy et al. (1999) Dozier (1990)	クライエントとセラピストが実際どのような関わりをするのかについて客観的に検討する。
クライエントの具体的特徴に関する研究	Homes (1993) Slade (1999)	転移の様相を検討することを通じて，クライエントが心理療法において実際にどのようにふるまうかだけではなく，クライエントが体験している思考や情緒の細やかな揺れ動きについても明らかにすることを試みる。

イエントの本質により迫ることができるようになるだろう。

　ただし，本章で概観した研究のなかでクライエント自身の視点にもとづいた体験を検討しているものが全くないというわけではない。心理療法のプロセスに関する研究のうちの治療同盟の評価に関する研究，およびクライエントのふるまいに関する研究に含まれる Saypol & Farber (2010) は，クライエントからの報告をもとに治療同盟の評価や自己開示の程度を検討している。また，クライエントの特徴を記述した研究では，例えば，クライエントが心理療法の意味に疑問を呈していたり（三上，2013），また別のクライエントがセラピストに理解してもらえた感覚を得たことを述べていたり（Holmes, 1993）するなど，クライエントの体験に関する記述もなされている。特に Wallin (2007) は，クライエントが心理療法で実際に感じていることも論じている。例えば，愛着軽視型クライエントは，セラピストに助けを求

めていることを認めてしまうと，セラピストに拒絶されるか，自らの
至らなさを屈辱的にさらすことになってしまうと感じていることを指
摘している。とらわれ型クライエントは，様々な情緒や他者への不信
を方略としてではなく，自分自身に根ざしたものとして体験している
こと，無秩序/未解決型クライエントは，トラウマに関する情緒を解
離する傾向にあるため，それを心理的にというより身体症状として体
験する，あるいは，セラピストに投影することによって体験させるこ
とをそれぞれ明らかにしている。これらの研究はクライエントの主観
的な感覚を示しているが，統計的検討を用いた研究では治療同盟の評
価や自己開示に限られており，また事例研究でも数多く検討されてい
るとは言いがたいため，クライエント自身の視点にもとづいた体験を
扱った研究の萌芽として理解できる。

　こうした萌芽的な研究はあるが，それらの問題意識をたどってみる
と，クライエントの実感を検討しようとしていたわけではないことが
みえてくる。治療同盟の評価に関する研究や Saypol & Farber (2010)
では，クライエントに質問紙調査を行うという方法をとったことで結
果的にクライエントの主観的な体験を扱うことになっていた。唯一，
Diener & Monroe (2011) は，セラピスト評定とクライエント評定の治
療同盟に関する評価の差異を検討しており，クライエント自身の視点
にもとづいた治療同盟の評価を扱おうという意図はみられるが，これ
もあくまで付随的な分析でなされたものである。クライエントの特徴
を記述した研究でも，心理療法においてどのような転移が生じやすい
かを検討するなかでクライエント自身の体験にふれていたにすぎな
い。したがって，クライエントの愛着パターンと心理療法の関連につ
いての研究では，クライエントの主観的な感覚を探究する萌芽はある
ものの，それを明らかにしようという明確な問題意識をもって取り組

まれた研究は全くと言ってよいほどみられないのが現状である。しかし、先述のように、クライエントの本質により迫るためにはクライエントの「内側」からの体験について正面から扱った研究を行うことが重要であろう。

　第1章で愛着理論の歴史的変遷から、そして第2章でクライエントの愛着パターンと心理療法についての研究の概観から、クライエントの主観的な体験を探究する意義を論じた。そこで次章以降では、筆者が行った調査研究をもとに、愛着パターンとクライエント自身の視点にもとづいた意味づけや体験の関連について多角的に検討する。第3章から第7章の調査研究は、一般の大学生、大学院生を対象としているため、心理療法実践にそのまま適用可能な知見を提供するものというよりも、クライエントの主観的な体験を理解する手がかりを得るための基礎的研究として位置づけることができる。

第3章

自己をどう捉えるか
質問紙調査

体験の重要な側面の一つに，自己認識がある。愛着との関連で言え
ば，各愛着パターンをもつ個人が自らについてどのような表象を有し
ているか，そしてその表象が心理療法の場で機能することで，クライ
エントがどのようなことを体験しうるかに関して知ることが大切にな
る。本章では，愛着パターンと自己イメージの関連を検討した質問紙
調査について論じる。本調査では，20答法を用いて自己イメージを
測定し，テキストマイニングによって分析することで，調査者が設定
した外的基準にもとづいた自己イメージではなく，自己の意味づけに
直接関わる各愛着パターンにおける自己イメージの内的意味構造を明
らかにすることを試みる。さらに，愛着パターンごとに個別事例の検
討も行い，20答法の継列的変化などテキストマイニングによる分析
では抜け落ちてしまう側面も含めて詳しく検討したい。

① 自己イメージの諸様相

　自己イメージ研究は，James（1890）の主我，客我の指摘に端を発す
る。自己イメージの測定について，現状では，一次元モデルや多次元
階層モデルなどの理論的モデルを想定した評定法が用いられていた
り，現実自己と理想自己の差異に焦点が当てられていたりするなど非
常に様々なアプローチが存在している（Marsh & Hattie, 1995）。そのな
かでMcGuireらは，自己イメージの測定に関して，調査者が予め用
意した項目によって回答させる方法によって得られるReactive self-
concept と個人にとって重要な自己の側面を自ら表現させる方法に
よって得られる Spontaneous self-concept をわけ，その差異を強調し
ている（McGuire & Padawer-Singer, 1976；McGuire et al., 1979）。

本章では自己イメージを形式面と内容面にわけて考えていくことにしたい[1]。形式面を「外から認められる自己イメージの様式」と定義し，そこには自己イメージの明確度，複雑さ，分化の程度などが含まれる。また，内容面を「形式によって規定されてあらわれる自己イメージの実質」と定義し，そこには自己イメージの構成要素やその構成要素間の関係などが含まれる。自己イメージの形式面も自らについての表象の一側面をあらわしているが，あくまでも「外から認められる」という特徴をもっており，自身が自己をどのように捉えているかという主観的な体験に関わるものではない。そこで本章では，特に自己イメージの内容面に着目する。

　愛着パターンと自己イメージの形式面の関連についてこれまでなされた研究には，Mikulincer (1995) と Wu (2009) によるものがある。Mikulincer (1995) は，自分に当てはまる形容詞を分類する課題を通して，自己の諸側面の多さから，安定型は他の不安定型よりも自己が分化していることや，理想自己と現実自己の一致度を検討し，両者の差異が少ないことから，安定型は他の不安定型よりも統合された自己をもっていることを示した。Wu (2009) は，愛着パターンと自己概念の明確性の関連を検討し，関係不安，関係回避がともに低いほど自己概念の明確性が高まることを指摘した。

　愛着パターンと自己イメージの内容面の関連についてこれまでなされた研究は，自尊感情を用いたものが中心となっている。Mikulincer & Shaver (2007) は，愛着パターンと自尊感情の関連についての 60 以

---

1)　北村 (1986) は，アリストテレスやヘーゲルの哲学的議論をふまえ，「形式」は日本語の「かたち」を意味する「明確なはっきりと見える外郭，外見」と同義であるとし，「質料」は形式に無関心な存在一般であり，「内容」は「形式づけられた質料」であると述べている。さらに，「形式」と「内容」は優劣関係にはなく，対等関係であると論じている。以下の「形式面」や「内容面」は，北村 (1986) の論をもとに定義した。

上の研究を概観しているが，そこでは，自己観が否定的である場合，安定型と比較して自尊感情が低いことが示されている。他者観と自尊感情については，結果が一貫しておらず，約半数の研究では他者観が否定的であると自尊感情が低いとされているものの，もう半数ではそうした結果は見いだされていない。

　愛着パターンと自尊感情の関連についての研究は，自尊感情という自己イメージの構成要素の一つを扱っている。しかし，先述のような自尊感情に特化したアプローチは，自尊感情が，数ある自己イメージの構成要素のなかでどのように位置づけられるかや，他の構成要素とどのような関係をもっているかという視点は有していない。ところが，自己イメージには様々な構成要素が存在しているため，そのような構成要素間の関係を明らかにすることを視野に入れたアプローチをとることに意義があるだろう。

　以上の問題意識から，本章は，愛着パターンと自己イメージの内容面である構成要素および構成要素間の関係，つまり内的意味構造の関連を検討することを目的とする。各愛着パターンにおいて，自己がどのような構成要素をもったものとして捉えられているのかを明らかにするため，先述の Reactive self-concept を測定する方法を用いた研究ではなく，Spontaneous self-concept を測定する方法を用いた探索的な研究を実施する。具体的な手法としては，後者の方法として代表的な20答法（Kuhn & Mcpartland, 1954）によって自己イメージを測定し，得られたデータをテキストマイニングおよび個別事例から検討することとする。テキストマイニングを用いることにより，自由記述という大量の質的データを探索的に分析することができ，記述された語そのものだけでなく，組み合わされた語同士の関係も明らかにすることができる。ただし，テキストマイニングによる分析は全体的な傾向を把握

するのに適している反面，回答に含まれる豊かな情報がそぎ落とされてしまう面もあるため，個別事例の検討もあわせて行うことにしたい。

 調査の概要

2-1　自己イメージの収集

　調査は，大学生，大学院生 277 名（女性 128 名，男性 149 名　平均年齢 19.95 歳　範囲 18 〜 28 歳　標準偏差 1.82）に対し，2013 年 7 月および 10 月に実施された。具体的には，大学の講義後の時間を利用して質問紙を配布し回収を行った。なお，本調査では，倫理的配慮として，大学教員に所属機関の研究ガイドラインに沿った倫理的事項に関するチェックを受けた。

　質問紙の表紙に，調査の目的，回答は自由意志によること，個人情報の保護には最大限配慮することを明記した。質問紙は，フェイスシート（性別，年齢），自己イメージ測定のための 20 答法，愛着パターン尺度から構成された[2]。

　自己イメージ測定には，Kuhn & Mcpartland（1954）によって考案された 20 答法を用いた。20 答法とは，回答者に「私は」に続く一文を最大で 20 個書かせるものである。教示に関しては，日本での実施にあたり，調査協力者に理解しやすいように工夫された山田（1989）によるものを採用した。具体的な教示は，「"自分のこと"ということで，あなたの頭に思い浮かんで来たことを"私は…"に続けるようにして，

---

[2]　第 4 章における質問紙調査と同一の質問紙を使用したため，他の尺度も記載していたが，ここでは割愛した。詳細は第 4 章にて記述する。

第3章　自己をどう捉えるか

安定型
私にとって，人といつも心が通じ合う関係を持つことは，簡単である。私は人に頼ったり頼られたりすることに抵抗がない。私は一人ぼっちになってしまうとか，人がありのままの私を受け入れてくれないのではないかということを心配しない。

軽視型
私は人といつも心が通じ合う経験がなくても平気だ。私にとって大切なのは，人に頼っていないと感じること，自分で何でもできていると感じることだ。私は人に頼ったり頼られたりすることが好きでない。

とらわれ型
私は人と完全に気持ちが通じ合うようになりたい。しかし，人は私が望むほど私と親しくなりたいと思っていないと思う。私は親密な関係を持ちたいのだが，私が人のことを思うほど人は私のことを大切に思っていないのではないかと心配になる。

おそれ型
私は人と親しくなることに抵抗を感じている。私は人と心が通じ合う関係を持ちたいのだが，人を信じきることは出来ない。また人に頼ることが苦手である。人とあまりにも親しくなりすぎると傷ついてしまうのではないかと思う。

図2　RQにおける各愛着パターンの特徴を示す文章（加藤，1998）

20項目以内で書いてください。どういうことを書いたらよいとか，いけないとかいうことはありませんので，思いつくままに自由に書いてください。」というものであった。なお，本章では，「私は」に続く一文を「項目」と呼ぶこととする。

調査協力者がどの愛着パターンに分類されるかを測定するために，Bartholomew & Horowitz (1991) によって考案されたRQの日本語版を用いた。RQの日本語版は加藤 (1998) により作成されており，その妥当性は中尾・加藤 (2004) によって確認されている。RQは強制選択式の尺度であり，提示された各愛着パターンの特徴のうち，もっともよく当てはまるものを一つ選択するというものである。加藤 (1998) における各愛着パターンの特徴をあらわす文章を図2に示した。

調査協力者277名のうち，RQにより分類された各愛着パターンの人数は，安定型65名 (23.5%)，軽視型26名 (9.4%)，とらわれ型107

名 (37.5%)，おそれ型 79 名 (28.5%) であった。この構成比と過去に
日本で行われた調査で得られたものを比較したところ，有意差はみら
れなかった[3]。

　自己イメージ測定のための 20 答法の平均回答項目数は，6.74 個 (SD
=5.62) であった。愛着パターン間で回答項目数に差があるかについ
て検討したが，有意差はみられなかった[4]。

2-2　自己イメージの把握

(1)　テキストマイニングによる分析

　フリーソフトウェアの KH Coder[5] を用いてテキストマイニングに
よる分析を行った。分析手続きは "KH Coder 2.x リファレンス・マ
ニュアル"（樋口，2014）に準拠し，分析は，分析者による視点を大切
にしつつも，恣意性を排除することを念頭において実施された。具体
的には，恣意性を排除するため，以下に詳述するコーディングの際に
は，必要があればその都度原文を確認しコーディングが原文の文脈に
即しているかを検証したうえで，臨床心理学専攻の大学院生 2 名と筆
者の計 3 名の合議により決定を行うという手続きをとった。

▶分析手続き
　①語の抽出
　まず，記述されたデータのうち，誤字脱字があったものを訂正し，

---

3)　この構成比と中尾・加藤（2003）における日本での調査で得られたものについて χ^2
　検定を行った結果，有意差はみられなかった（$\chi^2 = 2.37$, $df = 3$, $n.s.$）。
4)　クラスカル・ウォリス検定を用いて分析した（$H = 2.72$, $n.s.$）。
5)　立命館大学産業社会学部 樋口耕一氏製作によるフリーソフトウェアである。http://
　khc.sourceforge.net/ で配布されている。

「歳」と「才」など，別表記ではあるが同じ意味をあらわす語の表記を統一した。その後，形態素分析[6]を行い，記述された単語を品詞ごとに分類した。その結果，1344種類の語が抽出された。川端・樋口（2003）や樋口（2011）は，抽出された語のうち頻出140語，155語をそれぞれ取り出して以後の分析を行っていることから，これを参考にして，ここでは5回以上出現のあった頻出164語を取り出して分析対象とした。

②コーディング

分析対象とした語について，概念的に類似したものをまとめるコーディングを行った。コーディングは，コーディング・ルール（抽出された語をコーディングするためのルール）を作成しながら行われた。コーディング・ルールに沿ったコーディングが回答の原文と一致して行われているかに関して信頼性を担保するために先述の3名で協議しながら，より適切で包括的なコーディングになるように検討を行った。コーディング結果を表2に示した。20答法を考案したKuhn et al.（1954）は，「私は人間だ。」，「私は大学生です。」など客観的に事実と判断できる回答を合意反応，「私はまじめだ。」，「私は読書が好きです。」など回答者の主観を反映したものを非合意反応と呼んだ。そのうえで，各回答において合意反応の連続から非合意反応に転換する項目番号をLocus Scoreとし，どの程度自分を客観的，社会的な枠組みから捉えているかをあらわしている指標として20答法の分析に用いた（Kuhn et al., 1954）。今回，Kuhn et al.（1954）にもとづいた分析は行わなかったが，本コーディングは，合意反応および非合意反応の観点を含みつ

---

6) 形態素分析とは，機械的に文章を単語に区切って抽出し，それぞれの単語の品詞を判別する分析を指す。

表2　自己イメージについての20答法コーディング結果

コード名	コーディングルール	含まれる単語例
家族	同居している人，動物。別居している血縁者。	家族，父，親，姉，犬*，猫*
属性	性別，年齢，所属などの本人をあらわす社会的特性。	男，女，出身，生まれ，住む，歳，大学，大学生，学生，学部，日本人，地名，大学名
性格	本人をあらわす性格傾向。	性格，まじめ，頑固，マイペース，楽観，優柔不断，ネガティブ，社交，人見知り，優しい，明るい，不器用
活動	本人が取り組んでいる特定のこと。	勉強，バイト，サークル，スポーツ，音楽，読書，料理，運動，仕事，映画，旅行，数学，レポート
能力	本人がもつ特定の能力や，その獲得に関わるもの。	努力，意志，集中，やる気，自信，頑張る，できる，価値，得意，頭**
人間関係	本人が関わっている他者や他者との関わり，またはその評価。	友人，友達，関係，関わる，周り，他人，話，話す，しゃべる，言う，支える，感謝，恵まれる，寂しい，尊敬
生活	本人が日々の生活で営んでいることや，それに関わるもの。	生活，人生，生きる，気分，時間，寝る，眠い，食べる，笑う，いつも，よく，毎日
肯定的表現	本人にまつわるものに関する肯定的評価を含む表現。	良い，好き，大好き，よい，楽しい，楽しむ，大事，幸せ
否定的表現	本人にまつわるものに関する否定的評価を含む表現。	嫌い，悪い，苦手，下手，不安，悩む，迷う，汚い，疲れる，面倒くさい
打消し語	否定文を作る語。助動詞と形容詞を含む。	ない***

*：「私は犬を飼っています。」など，明らかに「家族」として捉えられているもののみ，コーディングを行った。

**：「私は頭の回転が悪い。」など，明らかに知的能力を表すものとして「頭」が用いられているもののみ，コーディングを行った。

***：助動詞の「ない」について，「私はあまり怒らない。」など，打消しの用法で用いられているもののみ，コーディングを行った（不可能の用法を含む）。

第 3 章　自己をどう捉えるか

表 3　自己イメージについての 20 答法クロス集計結果

		愛着パターン				合計	χ^2 値
		安定型	軽視型	とらわれ型	おそれ型		
コード名	家族	7 (1.5%)	2 (1.3%)	17 (2.5%)	21 (3.6%)	47 (2.5%)	5.92
	属性	67(13.9%)***	12 (7.9%)	65(10.0%)	29 (5.0%)***	173 (9.3%)	25.96***
	性格	21 (4.4%)**	12 (7.9%)	52 (8.0%)	53 (9.1%)	138 (7.4%)	9.30*
	活動	47 (9.8%)***	11 (7.2%)	32 (4.9%)*	31 (5.3%)	121 (6.5%)	12.63**
	能力	28 (5.8%)	13 (8.6%)	44 (6.8%)	39 (6.7%)	124 (6.6%)	1.44
	人間関係	24 (5.0%)	7 (4.6%)	55 (8.5%)	36 (6.2%)	122 (6.5%)	6.88
	生活	37 (7.7%)	4 (2.6%)	34 (5.2%)	35 (6.0%)	110 (5.9%)	6.25
	肯定的表現	95(19.8%)	28(18.4%)	96(14.8%)	109(18.7%)	328(17.6%)	5.68
	否定的表現	29 (6.0%)	9 (5.9%)	62 (9.5%)	57 (9.8%)	157 (8.4%)	7.25
	打消し語	38 (7.9%)	16(10.5%)	57 (8.8%)	72(12.3%)	183 (9.8%)	7.12
総回答項目数		481	152	650	583	1866	

＊：$p<.05$　＊＊：$p<.01$　＊＊＊：$p<.001$　　　　　　　　　　※全て $df=3$

つ，さらに多様な観点からなされているため，自己イメージの特徴をより細やかに捉えることができると言える。また，以下の分析は，分析単位を項目にして分析を行った。

③クロス集計

愛着パターンと各コードとの関連を検討するために，愛着パターンと当該のコードの出現の有無に関して分析した[7]（表 3）。有意に多いという結果が出たコードは，他のパターンと比べてそのパターンにおいて，出現頻度という意味でより強く意識されており，逆に有意に少ないという結果の出たコードは，あまり強く意識されていない。

④共起ネットワーク

続いて，各コードの共起ネットワーク図を作成した。これにより，

---
7)　コードごとに 4×2 のクロス集計を行って χ^2 検定を実施し，有意の結果が出たコードについては，どのパターンで差があったのかを検討するために残差分析を行った。

各愛着パターンにおいて，どのコード同士が共起しやすいかという，コード間でのむすびつきの強さを検討することができる。

　以下の図3〜6の共起ネットワークにおいて，コード名は丸で記されている。丸の白黒の濃淡が濃いほど，次数中心性[8]が高く，濃淡が薄くなっていくほど次数中心性が低くなっていることを示しており，各コードの外側に囲み文字で書かれている数値が次数中心性をあらわしている。次数中心性とは，当該のコードが他のコードとどの程度多く共起しながら出現しやすいかを示す指標であり，具体的には当該のコードを示す丸へ接続している線の数である。次数中心性の数値が高いほど，他のコードと幅広くむすびついているという意味で，そのコードが自己イメージにおいてより中心的な役割を担っていると言うことができるが，数値の高さは総回答項目数からも影響を受けるため，絶対的なものではなく，各図のなかで相対的なものである。さらに，各コード間をむすぶ直線はそれらのコード間の共起性を意味しており，共起性の指標としてJaccard係数を用いた。Jaccard係数には確固とした一般的基準が定められているとは言いがたいこと，Jaccard係数を指標に共起ネットワークを用いた研究（武田・渡邉，2012）では相対的に高いものを結果として扱っていることから，ここでは解釈可能性を考慮に入れ，相対的に共起性が強いと判断された.05以上の直線を太線で表記し，その数値を太線の横に示した。なお，コード間の距離は，特に意味をもっていない。

（2）　個別事例の検討

　テキストマイニングによる分析は，全体的な傾向を把握するのに適

8）　頂点 i の次数中心性（$C_{d(i)}$）は，あるグラフの隣接行列を $A = (a_{ij})$ とすると，$C_{d(i)} = \sum_{j=1}^{n} a_{ij} = \sum a_{ji}$　と定式化される（鈴木，2009）。

第3章 自己をどう捉えるか

している反面，高頻度の単語のみが分析対象となっている，前後の文脈や項目順が考慮されないなど，回答に含まれる豊かな情報がそぎ落とされてしまう面も少なくない。そこで，テキストマイニングによる分析に加え，各愛着パターンの特徴を代表していると考えられた自己イメージについての20答法の事例を各パターン一人ずつ取り上げて詳細に検討した。

　以下では，テキストマイニングによる分析と個別事例の検討から見いだされた各愛着パターンにおける自己イメージの特徴を述べていきたい。

③ 適応的な「わたし」── 安定型

　クロス集計の結果，安定型は，他のパターンに比べ，有意に「属性」や「活動」が多く，「性格」が少ない。安定型が抱く自己イメージの共起ネットワーク（図3）によると，安定型の特徴として，「肯定的表現」と「打消し語」の中心性がもっとも高い。さらに「肯定的表現」は，「活動」，「生活」，「人間関係」とむすびつきが強い。例えば，「私は勉強が好きだ。」，「私はおいしいものを食べるのが好きだ。」，「私は人との交流が好きだ。」という例がある。また「打消し語」は「能力」とのむすびつきが強い。例えば，「私は追い詰められるまでやる気が出ない。」という例がある。

　安定型は，クロス集計では，自己イメージを社会的な属性や現在取り組んでいる活動の点から形成しやすく，性格からは捉えていなかった。さらに，共起ネットワークでは，自己イメージの中核として肯定

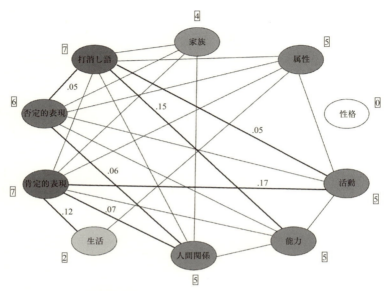

図3　安定型が抱く自己イメージの共起ネットワーク

感があり，そのなかでも特に肯定的に捉えられた自らの取り組んでいる活動，日々の生活，人との関わりが中心領域にあった。さらに，安定型の自己イメージとして特に能力とむすびついた打消し語が中心に存在していた。以上から，安定型においては，性格的特徴は自己イメージにむすびつきにくく，自らが社会において何をしているか全般が自己イメージの軸となりやすいことがわかる。さらに，その社会的に行っていることが肯定的に捉えられていることも特徴的である。これは，安定型の自尊感情が高いという多くの研究（Mikulincer & Shaver, 2007）と合致している。また，能力と打消し語とのむすびつきについて，「私は追い詰められるまでやる気が出ない。」という例があるように，安

第 3 章 自己をどう捉えるか

表 4 A による自己イメージについての 20 答法の回答

項目番号	回　　答
1	私は〇〇に住んでいる。
2	私は 19 歳。
3	私はバスケが好きだ。
4	私は女だ。
5	私は音楽をよく聞く。
6	私は寝るのが好きだ。
7	私は猫に似ている。
8	私は自由奔放だ。
9	私は意志薄弱だ。
10	私は面倒くさがりだ。
11	私は好きなことはとことんやる。

定型は単純な能力のなさというよりも，取り組まなければならないことへの葛藤を自己イメージにむすびつけやすいのかもしれない。安定型の自己イメージは，社会的に適応している面が強調されて形成されていると理解できる。

　個々の回答を読み込んでいくと，安定型の自己イメージに関する 20 答法には，項目の継列的変化のあり方にも特徴がみられた。そうした変化が顕著にみられた安定型の A（18 歳，女性，大学生）の回答を提示し，特に項目の流れに着目しながら検討したい。A の 20 答法の回答を表 4 に示した[9]。

　A は項目 1, 2, 4 で「私は〇〇に住んでいる。」，「私は 19 歳。」，「私は女だ。」と自らが住んでいる地域, 年齢, 性別について言及しており，

---

9)　なお，以下の第 3 章から第 5 章の事例検討で示すのは，回答の一部を抜粋したものではなく回答のすべてである。先述のように，回答数は調査協力者によってばらつきがあるため，個別事例の検討で示す回答の数も様々になっている。また，A ～ L の調査協力者はすべて別の人物である。

これらはコード名で言えば属性にあたる。属性は内面的な事柄ではなく，社会的な立ち位置を示す客観的な事柄である。さらに，本調査の協力者は大学生，大学院生であることから，Aと住んでいる地域，年齢，性別が同じ人は周囲に数多く存在しているため，属性はある程度匿名性をもったものと理解できる。これより，Aは，20答法に回答する際，まずどのように自分について記せばよいのだろうかという戸惑いを覚えた可能性がある。だからこそ，最初の項目から内面的な内容にふみこんで記述するというよりも，やや防衛的に一定の匿名性をもった客観的事柄を記し，まずは自らの輪郭を示したのだろう。

　Aはそうした戸惑いから当たりさわりのない表現を続けるのではなく，次第に個性的な内容も記していった。項目3，5，6では，「私はバスケが好きだ。」，「私は音楽をよく聞く。」，「私は寝るのが好きだ。」と好きなことについて言及し，どのような趣向をもっているかを記述した。Aは身体を動かすことに加え，家でゆっくりすごすことも好んでいるようである。

　項目7でAは「私は猫に似ている。」と記述し，「猫」の比喩を用いて自己イメージをあらわした。『イメージシンボル事典』（大修館書店）（Ad de Veries, 1974 山下他訳　1984）によると，猫は自由の象徴とされ，他にも好色，根気，狡猾さなどをあらわしているとされるが，Aは次の項目8で「私は自由奔放だ。」と回答しており，Aは猫の自由さに自分と通ずるものを感じているようである。しかし，最後の項目で「私は好きなことはとことんやる。」と回答し，猫の象徴の一つである根気強さに言及していることからもわかるように，Aは単に自由の記号的言い換えとして「猫」と記したわけではなく，「猫」の語を用いて多義的に自らについて表現していった。そして，Aはその後の項目で，ネガティブな面も含めた自らの性格的特徴について記述する

第3章 自己をどう捉えるか

に至った。比喩には，国語として共有された意味と個人独特の個性的な意味を橋渡しする機能があるとされる（北山，1993）が，Aは「猫」という語を用いたことにより，比較的一般性の高い表現から，より個性的な表現へ移行することができたのではないだろうか。だからこそ，Aは以降の項目でより内面的な内容を直接的に記述していったのだろう。その意味で，Aにとって「猫」と記述したことは自らの内面にふみこんでいくきっかけの役割を果たしていたと言える。

Aは，20答法に回答しはじめたときには戸惑いを覚えていたが，比喩を用いたことを契機に，自己イメージの表現を自ら深めていった。これは，安定型との心理療法において，安定型クライエントは，最初はどのように語ってよいかという不安を抱きながらも，一つのことをきっかけに，自ら語りを展開させていくことを示しているのかもしれない。

④ 「わたし」をあらわさない ―― 軽視型

軽視型の自己イメージに関して，クロス集計では有意差のあるコードはみられなかった。軽視型が抱く自己イメージの共起ネットワーク（図4）によると，安定型と同様，「肯定的表現」の中心性がもっとも高く，次に「打消し語」の中心性が高い。「肯定的表現」は「活動」や，「人間関係」とむすびつきが強い。具体的には「私は数学が得意で好き。」というものがある。ただ，「私は他人と一緒にいるのがあまり好きではない。」という例もあるように，「人間関係」と「肯定的表現」と「打消し語」の組み合わせも少なくないところに留意しなければならない。また，「打消し語」は「能力」，「性格」，「人間関係」とむす

69

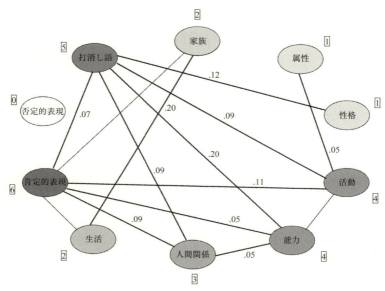

図4　軽視型が抱く自己イメージの共起ネットワーク

びつきが強い。例えば，「私は人に頼る性格ではない。」，「私は集中力がない。」という例がある。さらに，「否定的表現」の中心性は，他のパターンにおいては6以上と高かったが，軽視型では0であった。

　クロス集計の結果から，他のパターンとの比較という点では，軽視型のもつ自己イメージの特徴は浮かび上がってきにくいのかもしれない。共起ネットワークでは，安定型と同様に，軽視型がもつ自己イメージの中核として肯定感があり，特に肯定的に捉えられた自ら取り組んでいる活動がその中心領域に存在していた。また，軽視型において,「〜がない」,「〜ではない」という打消しの形が自己イメージにむすびつきやすいことも特徴的であった。軽視型は，同様に打消し語の中心性

第 3 章 自己をどう捉えるか

表5　Bによる自己イメージについての20答法の回答

項目番号	回　　　答
1	私は常に前に進みたいと思っている。
2	私は苦手なものを克服したいと思っている。
3	私はもっと効率よく生きたい。
4	私は人にものを教えられるようになりたい。
5	私はあまり物欲がない。
6	私は大きなことを成し遂げたいと思っている。

が高かった安定型と比べて幅広いコードと打消し語が強くむすびついており，人との関わりの薄さを感じていたり，打消し表現を用いて性格傾向に言及したりしていた。さらに，軽視型では否定的表現の中心性が0であり，他のパターンとは対照的であったことからは，あえて自分に対する否定的な情緒にふれようとしないところがあると考えられた。これらのことは，軽視型が含まれる回避型の防衛的なあり方（Kobak & Sceery, 1988）を反映していると理解できるだろう。このように，軽視型は，特に自らが取り組んでいる活動を主とする肯定感を中心とした自己イメージをもっている一方で，防衛的な表現で自己を捉えようとしており，軽視型には自己を積極的にあらわそうとしないという特徴を有していることがわかる。したがって，軽視型は，能力や性格といった自分そのものではなく，活動などといった自分にまつわるものを通して，肯定感をもっているとも推察される。

　テキストマイニングによる分析からは，軽視型は肯定的で防衛的な自己イメージをもっていることが明らかになったが，そのようなイメージを常に保ち続けられるわけではないであろう。防衛的な自己を保持することが難しくなったとき，あるいは防衛的なあり方がゆるんできたときの軽視型の体験をよくあらわしていた軽視型のB（18歳，男性，大学生）の回答を提示する。Bの20答法の回答を表5に示した。

71

軽視型のBは，自己イメージについての20答法で回答した6項目のうち5項目で「○○したい」と自分がなりたい姿について述べており，Bは向上心にあふれた人物であることがうかがえる。一方，Bの記述は具体性に欠けており，実際にどのようなことをしたいかについてはほとんど伝わってこない。項目1の「私は常に前へ進みたいと思っている。」という回答からは，Bの前向きな姿勢は読みとれるが，何についての話であるか，そしてBにとって「前に進む」とはどのようなことを指しているのかはわからない。Bは項目2で「私は苦手なものを克服したいと思っている。」と記述し，テキストマイニングによる分析で軽視型があまりふれようとしないとされた「苦手なもの」について言及した。しかし，ここから読みとれるのは，Bには「苦手なもの」があり，それを克服したい気持ちをもっていることだけで，項目1と同様，その内容は記述されていない。項目3からもこれまでと同じくBの具体的な姿はみえてこないが，項目1～3を総合するとBは「前に進みたいと思っているのにもかかわらず，苦手なものがあり，効率よく生きることができていない。」という不全感を抱いており，Bが抱く理想と現実にギャップがあるようである。実際のBの姿がみえてこないことは，軽視型特有の防衛的な表現によるものとも考えられるが，そのなかでも，Bが思い描くようには生きられていない苦しみを感じている現状を垣間みることができる。項目4では，少し具体的に「私は人にものを教えられるようになりたい。」と記されており，Bが何を教えたいかは書かれていないが，人を教える立場にいたいことは伝わってくる。Bは「できない」，「わからない」ことをさらけだす必要のある教えられる側ではなく，「できる」，「わかっている」ことが前提になる教える側に身をおきたい気持ちがあるのだろう。

Bは項目5で「私は物欲がない。」と自らの現実的な感覚に初めて言及した。Bは抽象的な向上心にあふれている一方で具体的に手に入れたいものはあまり思いつかず，地に足ついた現実感が薄いのであろう。次の項目6は「私は大きなことを成し遂げたい。」と書かれ，そこで回答は終了している。これは，Bが理想像と実際の自分の姿の乖離にふれた後すぐにやや誇大的とも言える世界に戻って回答を終わらせたとも考えられ，Bにとって防衛された誇大的な自己にほころびがみられることは相当な苦痛であると推察される。

　以上から，軽視型との心理療法においては，彼らが抱いている抽象的な理想像が語られることが想定されるが，そのような理想を維持し続けることは難しく，次第にほころびがあらわれてくると予測できる。そこでの軽視型クライエントの実感にふれていくことは重要であるが，一方でそのことは彼らにとって非常に苦しい体験となりえることも念頭においておく必要がある。

⑤ 否定的な「わたし」── とらわれ型

　とらわれ型は，クロス集計結果において，「活動」が有意に少ない。とらわれ型が抱く自己イメージの共起ネットワーク（図5）によると，「人間関係」の中心性がもっとも高い。「人間関係」は，身近な人をあらわす「家族」とともに，「肯定的表現」や「否定的表現」とのむすびつきが強い。例えば，「私は人と話すのが好きです。」がという例がある一方で，「私は人の気持ちをよみ取るのが下手だ。」という例もある。「人間関係」以外では，「肯定的表現」，「否定的表現」，「能力」，「打消し語」と幅広く中心性が高くなっている。「肯定的表現」と「否定

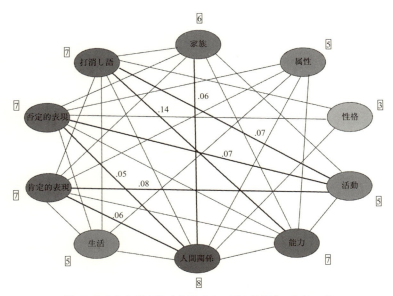

図5 とらわれ型が抱く自己イメージの共起ネットワーク

的表現」は，特に「活動」や「人間関係」と，「打消し語」は「能力」や「活動」と強くむすびついている。例えば，「私は数学が嫌いだ。」，「私は仕事ができない。」，「私はバイトに行きたくない。」という例がある。

　とらわれ型は，クロス集計では，活動という点では自己イメージを捉えていなかった。共起ネットワークでは，とらわれ型のもつ自己イメージの中核には，人との関わりが存在していた。なかでも，人との関わりは肯定感と否定感の両方と強くむすびついていた。さらに，自己イメージの中心領域に存在していた否定的表現や打消し語は，人間関係だけでなく，能力や活動とも強く関連しており，とらわれ型は自らに対して否定感を抱いていることがわかる。打消し語は軽視型にお

いても自己イメージにむすびつきやすかったが，軽視型では「私は人に頼る性格ではない。」など打ち消しの形で自らを表現する記述が目立ったのに対し，とらわれ型においては「私は思っていることをうまく言葉にできない。」など，否定的な思いをあらわすために打消し語がよく用いられていた。以上より，とらわれ型のもつ自己イメージの大きな特徴として能力のなさ，自らが取り組む活動の面白くなさから生じる否定感があり，そのことは，否定的な自己観をもつとらわれ型の自尊感情の低さを示す多くの研究と合致している（Mikulincer & Shaver, 2007）。さらに，とらわれ型は，自己イメージを活動といった自らの営みではなく，人との関係から見いだしやすい。人との関わりを志向するものの，それに対して相反する感情を同時に抱きやすいこともとらわれ型の特徴である。とらわれ型がもつ人間関係の特徴として，Bartholomew & Horowitz（1991）は他者との関係にのめりこみやすいこと，Mikulincer & Shaver（2007）は他者から注目，愛情，支持を集めることを非常に重視する一方で拒絶されることを強く恐れていることを指摘しているが，こうした特徴が自己イメージにもあらわれていると理解できる。

　テキストマイニングによる分析から，とらわれ型は，否定感と人間関係から自己イメージを形成しやすいことが示された。そうした特徴と回答の継列的変化の関連をよくあらわしていたＣ（20歳，女性，大学生）の回答を提示する。Ｃの20答法の回答を表6に示した。

　とらわれ型のＣは，項目1，2で「私は今後どうしていけばいいか不安である。」，「私は自分に自信がない。」と述べている。この二つをつなげると「私は，自分に自信がないため，今後どうしていけばいいか不安である。」となり，質問紙を回答しはじめた当初からＣは自身の抱える大きな不安を表明している。これは，最初の項目で匿名性の

表6　Cによる自己イメージについての20答法の回答

項目番号	回　　答
1	私はどうしていけばいいのか不安である。
2	私は自分に自信がない。
3	私は兄弟のことを気にかけている。
4	私は親のことを気にかけている。
5	私は幸せに過ごしたい。
6	私は他人に左右されたくない。
7	私は生きることを楽しみたい。
8	私は家族に会いに帰りたい。
9	私は自分に自信をもちたい。
10	私は他人を気づかった言動をしたい。

ある属性について述べた安定型のAや，抽象的な向上心を述べた軽視型のBと大きく異なっている。回答当初からCの不安が溢れ出てきていると言え，これは情緒を抱える構造が弱いというとらわれ型の特徴 (Slade, 1999) とも合致している。項目9でも「私は自分に自信を持ちたい。」と書いているように，Cは自尊感情の低さを自覚しているようである。項目3, 4, 8では「私は兄弟のことを気にかけている。」，「私は親のことを気にかけている。」，「私は家族に会いに帰りたい。」と記述されている。これより，Cは家族と離れて暮らしていることに寂しい気持ちを抱いており，家族への思い入れが強いことがうかがえる。また，項目5, 7では「私は幸せに過ごしたい。」，「私は生きることを楽しみたい。」と記しており，Cは人生の喜びを享受する希望をあらわしていると同時にその背景には鬱屈した現状があるとも言えるだろう。項目6, 10では「私は他人に左右されたくない」，「他人を気づかった言動をしたい。」と述べ，Cは周囲の人に影響を受けやすかったり，うまく空気を読めなかったりして落ち込むこともあるのかもしれない。このように，Cの自信のなさや対人関係の不安はテキ

ストマイニングによる分析で示されたとらわれ型の特徴と共通しており，それに加えてＣは，気のおけない家族とは離れており，また周囲には気を遣って接するところがあるため，一人寂しく鬱積した気持ちを抱えているのではないだろうか。

　安定型のＡや軽視型のＢにおける自己イメージについての20答法の回答では，項目を継列的にみていくと，その内容が次第に深まっていったり，自分の実感が表現された後に再び抽象的な理想を示すようになったりするなど，その記述に変化があった。しかし，とらわれ型のＣは，これまで述べてきた各項目の考察が項目順になっていないことからもわかるように，項目の流れに沿って記述内容に変化があるというよりも，どの項目でも一貫して自らの苦しい面が表出されているところに特徴がある。

　以上から，とらわれ型との心理療法において，初期から不安が強く表明され，セラピストとしてはその扱いが大切になるだろう。また，とらわれ型クライエントは孤独や寂しさも抱いているため，セラピストも含めて他者への依存が課題になるのではないかと考えられる。さらに，項目を経ても記述に変化がみられなかったことからは，とらわれ型との心理療法における展開の難しさが示唆されるかもしれない。

⑥ 内に秘める「わたし」── おそれ型

　おそれ型は，クロス集計結果において，「属性」が有意に少ない。おそれ型が抱く自己イメージの共起ネットワーク（図6）によると，「人間関係」と「能力」の中心性がもっとも高い。「人間関係」は，特に「打消し語」，「家族」，「肯定的表現」とむすびつきが強い。例えば，「私

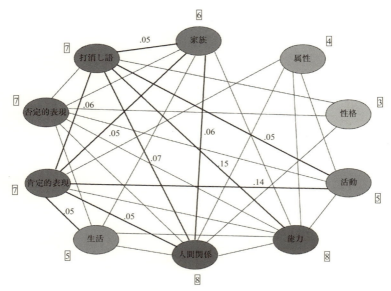

図6 おそれ型が抱く自己イメージの共起ネットワーク

は友達が多くない。」,「私は親にもっと感謝してよい。」,「私は友達が大好き。」という例がある。なお,おそれ型では,軽視型とは異なり,「人間関係」と「肯定的表現」と「打消し語」が組み合わさっている例はみられなかった。また,「能力」は「打消し語」と特にむすびつきが強い。例えば,「私は努力をしない。」という例がある。

おそれ型は,クロス集計では,自己イメージを社会的な属性から捉えていなかった。共起ネットワークにおいては,おそれ型のもつ自己イメージとして,とらわれ型と同様,人との関わりと能力が中核に存在していた。人との関わりについて,具体的には人間関係の希薄さや友好的な人間関係,家族との関わりが中心領域にあった。さらに,能

力について，打消し語とのむすびつきが突出して強かった。以上から，おそれ型は，属性に関わる社会的な自らの立ち位置全般ではなく，人との関係を中心として自己イメージを形成しやすいことがわかる。その点はとらわれ型と共通しているものの，とらわれ型は「私は人のために尽くす。」や「私は裏切られるとその人が嫌いになる。」というように，人との比較的深い関わりに言及していることが多いのに対し，おそれ型は「私は一人好きのさみしがり屋だ。」や「私は人に心を開くことが少ない。」という記述もあるように，人との接触をめぐって自己イメージが形作られやすいところが特徴的である。また，おそれ型の自己イメージにおいて，人との関係のなかでも友好的な人間関係が大きな位置を占めていた。多くの研究では，否定的な自己観や他者観が重要な他者やソーシャルサポートへの否定的評価と関連していることが明らかにされているが (Mikulincer & Shaver, 2007)，これらの知見は本結果とは一致しない。この不一致は，人との接触に敏感な自己イメージをもっているというおそれ型の特徴から理解できるのではないだろうか。つまり，おそれ型は，評価という点では他者を否定的に捉えやすいが，自らとの関わりという意味が強まる自己イメージにおいては，自らが傷つかずに済むような友好的な人間関係が意識的に強調されていると推測できる。さらに，おそれ型は「〜ができる」，「〜ができない」というような自らの能力を自己イメージにむすびつけやすい。人との関係に敏感なおそれ型にとっては，周囲との比較になりやすい自分の能力が自己イメージを形成するうえで大きな位置を占めており，特に周囲と比べて「できない」部分が目につきやすいのだろう。軽視型に加えておそれ型も含まれる回避型は，社会状況における自らのコンピテンスが特に低いとされている (Mikulincer & Shaver, 2007) が，おそれ型においては，自己イメージの数ある構成要素のな

表7　Dによる自己イメージについての20答法の回答

項目番号	回　　答
1	私は友達が多くない。
2	私はわき道にそれている。
3	私は協調性があるようでない。
4	私は自分のことが嫌いではない。
5	私はネガティブです。
6	私は恵まれている。
7	私は弱い。
8	私は運をもっている。
9	私はせっかちだ。
10	私は人とは違うと思いたい。
11	私はテニサーでキャピキャピするような人生も送ってみたかった。
12	私はそうでない自分も割と好きである。
13	私は家族がほしい。
14	私は保守的かもしれない。
15	私は素直だ。
16	私は人に嫌われない。
17	私は苦手な人が多いかもしれない。
18	私はだが悪口は言わない。
19	私は気にしいだ。
20	私は筋肉がたりない。

かでもその点が強く意識されていることが新たにわかった。

　テキストマイニングによる分析では，おそれ型は人との接触に敏感な自己イメージを抱いていた。それでは，おそれ型は人との接触に敏感であるために，具体的にはどのような自己イメージを構築しているのだろうか。そのことを検討するために，他者との関わりについて豊かな記述がみられたおそれ型のD（18歳，女性，大学生）の回答を提示する。Dの20答法の回答を表7に示した。

　おそれ型のDは項目1，2で「私は友達が多くない。」，「私はわき道にそれている。」と回答している。これらは否定的な記述であり，

とらわれ型のCとも通じるところがあるが，その後の記述がCとは異なっている。項目3，4で「私は協調性があるようでない。」，「私は自分のことが嫌いではない。」と回答しており，Dは，ただ自らを否定的に捉えているだけではなく，周囲から一線を画していることに特別感を抱いているところもあるようである。このことは，項目10〜12の「私は人とは違うと思いたい。」，「私はテニサーでキャピキャピするような人生も送ってみたかった。」，「私はそうでない自分も割と好きである。」という記述からもうかがえるが，Dは周囲とは異なっている特別感に浸っているのと同時にある種の寂しさも覚えているのだろう。項目13の「私は家族がほしい。」もそのあらわれと理解できるかもしれない。このように，Dは，例えば肯定，否定のいずれかから一貫して自己イメージを抱くというのではなく，自己を，二面性をもったものとして捉えており，その間を微細に揺れ動いていることがわかる。このことは，項目5，7で「私はネガティブです。」，「私は弱い。」としながらも，項目4，13で「私は自分は嫌いではない。」，「私はそうではない自分も割と好き。」と述べ，項目6，8で「私は恵まれている。」，「私は運をもっている。」と回答していることからもうかがえる。あるいは，項目15で「私は素直だ。」とする一方で，項目17，18で「私は苦手な人が多いかもしれない。」，「私はだが悪口は言わない。」と記述していることもこれに当てはまるだろう。

　こうした自己イメージの二面性は，周囲からみられる姿と実態にギャップがあることとも関係している。先の「私は協調性があるようでない。」は，周囲からDは協調性があるようにみえるものの，実際には違うと感じていることもあらわしている。さらに，「私は苦手な人が多い。」にもかかわらず「私は悪口を言わない。」ことからは，Dには苦手な人が多く，その人たちに対して不満に思うことも少なくな

いが，それを外に表出することはせず，内に秘めているのだろう。お
それ型の攻撃性の高さについては，一貫した結果が得られていない
(Mikulincer, 1998；Simpson & Rholes, 2002 など) が，本検討をふまえる
と，おそれ型は攻撃性をもっているものの，外にあらわそうとはしな
いと理解できるのではないだろうか。本来は項目 9，14 で答えてい
るように「私はせっかち。」であったり，「私は保守的かもしれない。」
であったりするが，そのような自らの考えを積極的に周囲に主張して
いこうとはせず，項目 19 で「私は気にしいだ。」と言うように，気
を遣って周囲に合わせていることが推察される。だからこそ，項目
16 で述べられたように「私は人に嫌われない。」のだろう。テキスト
マイニングによる分析では，おそれ型は人との接触に敏感である傾向
がみられたが，そうであるがゆえに，周囲から観察される姿と主観的
な体験にはギャップがあり，彼らは否定的な情緒を感じたとしても，
それを自分のなかにため込みやすいため，苦しい思いをすることも少
なくないようである。

　一方，自己の二面的な記述は，複数の視点から自己を捉えているこ
ともあらわしているため，D は内省することができ，自分について振
り返ることで，新たな理解を得られる可能性が高いと推察される。

　最後の項目 20 で D は「私は筋肉がたりない。」と回答しており，
これまでの記述とは趣が異なっている。これはどのように捉えればよ
いのだろうか。字義通りにとれば，D は実際に筋肉が少なく，身体を
鍛える必要を感じていることになるが，ここでは「私は筋肉がたりな
い。」を象徴的に理解してみることにしたい。「筋肉」は，力を生む出
す源であり男性性をあらわしているとも考えられるが，河合 (1994)
は，内的な異性像であるアニマ，アニムスについて論じるなかで，「ア
ニマの特性は他人との協和であるのに対して，アニムスの特性はその

鋭い切断の能力にある」と述べ，女性にとっての内的な男性像である
アニムスは頑固な意見としてあらわれてくることが多いと指摘している。これを考慮に入れると，女性であるDにとって「筋肉がたりない」とは，周囲に「意見」を力強く主張する必要があることを示しているのではないだろうか。Dは周囲と協調することはできるものの，それは過剰適応的に自分を抑えることによってなされており，無理なく生きていくためにはある程度自己主張していくことが大切になる。Dは周囲に本来とは異なる姿をみせることで優越感を得ている面もあるものの，そこに孤独や虚しさを抱いているところもあると理解できる。

　以上から，おそれ型との心理療法において，おそれ型クライエントがセラピストにみせる姿と主観的な体験にギャップがある可能性を念頭においておくことが大切になる。彼らは心理療法に不満を抱いていたとしても，過剰適応的にふるまうため，セラピストに不満を表現しようとしない傾向にある。セラピストはその内に秘めた気持ちに目を向けることが重要であろう。また，彼らは内省することができ，自らの否定的な面にふれることを拒否するわけではないため，セラピストが丁寧に関わることで，考えや気持ちを探索することができると考えられる。

　ここまで，愛着パターンごとに自己イメージの特徴を述べてきたが，愛着パターンは Bartholomew & Horowitz（1991）による自己観と他者観の二次元の組み合わせからも捉えることもできるため，自己観と他者観の観点からも考察したい。自己観が肯定的（安定型と軽視型）であると，自己イメージも肯定的に捉える傾向にあり，社会的に行っている活動を意識しやすい。一方で，自己観が否定的（とらわれ型とおそれ型）であると，人との関係が自己イメージの軸となりやすく，社会的

な属性や活動はあまり意識されていなかった。自己観は，「自分が他者から，特に愛着対象から助けをもらいやすい種類の人物であるかどうか」(Bowlby, 1973) とされるが，自己観が否定的であると，まず他者から自分がどのように受け入れられているかを重要視するため，人との関係に目を向けやすいのだろう。反対に自己観が肯定的であると，他者からの助けについてあまり心配していないために，社会的な活動を意識しやすいようである。

　また，他者観が肯定的（安定型ととらわれ型）であると，「私は人と交流するのが好きである。」（安定型）や「私は人のために尽くす。」（とらわれ型）など，他者との親密な関係を心地よく感じたり，求めていたりするところがある。一方で，他者観が否定的（軽視型とおそれ型）であると，安定型や軽視型と同様に対人関係で喜びを得る面もあるものの，「私は友人たちと大騒ぎできない。」（軽視型）や「私はテニサーでキャピキャピするような人生も送ってみたかった。」（おそれ型）にみられるように，他者との深い関係を求めながらも，一歩引いた立場に身をおくところがある。さらに，個別事例の検討から，防衛的になりやすい（軽視型），内に秘めやすい（おそれ型）ことが自己イメージの特徴として指摘された。他者観が否定的であると，自らのことをあまり表現しようとしない傾向にあると言える。他者観は「愛着対象は援助や保護を求めたときに応答してくれる人物であるかどうか」(Bowlby, 1973) とされるが，それらの特色には他者にどれだけ信頼をおけるかが関わっているようである。

　自己イメージとは，あるときには一貫した確固たるものとして感じられるが，またあるときには不確かで曖昧模糊となってしまう不思議なものである。各人の自己イメージは，一定の核をもちながらも，発達の過程において，あるいはそのときの状況によって，移り変わって

いく。本章では，各愛着パターンにおける自己イメージの中心部分の一端が明らかになったのだろう。こうした自らについての表象は心理療法においても機能するため，各愛着パターンをもつクライエントはそのような表象をもとに心理療法の場を意味づけていくと考えられる。また，個別事例で示唆されたことは，心理療法の展開理解にもつながりうるものである。本章での検討は，一般の大学生，大学院生に行った質問紙調査をもとにしていたため，今後，幅広い年代への調査や事例研究を行うことで，自らについての表象がどのように変化しうるのか，あるいは，それが心理療法過程において，どのように作用し，どのような体験がなされていくのかに関する見通しが開けてくるのではないだろうか。

第4章

親をどう捉えるか
質問紙調査

第 4 章　親をどう捉えるか

　本章では，各愛着パターンをもつクライエントが親をはじめとした重要な他者にどのような表象を有しているかや，心理療法においてセラピストに向けやすい情緒に焦点をあてる。そのために，筆者が実施した質問紙調査[1]について論じる。その調査では，第 3 章と同様，20答法を援用して親イメージを測定し，得られたデータをテキストマイニングおよび個別事例から検討する。テキストマイニングによって分析することで，調査者が設定した外的基準にもとづいた親イメージではなく，回答者自身の主観的な親の捉え方を色濃く反映している各愛着パターンにおける親イメージの内的意味構造について検討することができる。さらに，回答の継列的変化など，テキストマイニングによる分析では抜け落ちてしまう側面があるため，各愛着パターンで個別事例を取り上げてより詳細に検討したい。

　親イメージの諸様相

　現在，成人の愛着に関する研究においては，子が親をどのように捉えているかという親イメージと関連している概念として AAI で査定される親との関係に関する記憶や表象へのアクセシビリティや，質問紙で測定される他者観が存在している。しかし，親との関係に関する記憶や表象へのアクセシビリティや他者観は，親イメージの内容を特に扱っていなかったり，中心となる対象を親に据えていなかったりしている。こうしたことから，現在の愛着理論では，親イメージは中心

1）　なお，本章で述べる調査は，第 3 章での質問紙調査と同じ質問紙を用いてほぼ同じ調査協力者に対して実施したものである。本章で検討する内容はその質問紙の後半部分にあたる。

課題となっていないと言える。

　本章では，自己イメージと同様，親イメージの形式面と内容面にわけて考えていくことにする。第3章における自己イメージの形式面と内容面の定義にならい，親イメージの形式面を「外から認められる親イメージの様式」と定義し，内容面を「形式によって規定されてあらわれる親イメージの実質」と定義する。本章で探究する主観的な視点にもとづく親イメージは，親イメージの内容面に相当するため，本章では，特に親イメージの内容面に着目したい。

　愛着パターンと親イメージの形式面の関連についてなされたこれまでの研究は，Levy et al. (1998)，Priel & Besser (2001) や松下・岡林 (2009) によるものがある。Levy et al. (1998) や Priel & Besser (2001) は，Blatt et al. (1992) による方法を用い，オープンな形で尋ねた親の描写を評定しており，そのなかの評定項目に複雑さや分化の程度が含まれている。Levy et al. (1998) や Priel & Besser (2001) における親イメージの形式面に関する共通した結果として，安定型はより分化していて複雑さをもった親イメージを，おそれ型は他の不安定型と比べて分化していて複雑さをもった親イメージを抱いていることが示されている。松下・岡林 (2009) は，母子画の分析を通じて，母子画の大きさや形態を分析している。その結果，自己観が否定的であると母子画を大きく，そして半身像を描きやすいことや，他者観が否定的であると途中で切れている像を描きやすいことを指摘した。

　愛着パターンと親イメージの内容面の関連についてこれまでなされた研究は，親の評価に関するものが中心となっている。Mikulincer & Shaver (2007) は，愛着パターンと親の評価の関連についての50以上の研究を概観しているが，そこでは安定型が他の不安定型と比べて親を肯定的に評価しやすいことが示されている。さらに2/3以上の研究

第4章 親をどう捉えるか

で自己観，他者観のどちらかが否定的であると親を否定的に評価しやすいことが指摘されており，不安定型の各パターンによる差異は明確ではないとされている。

　親の評価以外の内容面を扱ったものとしては，前述の Levy et al. (1998)，Priel & Besser (2001) によるものがある。これらの研究では，「親切な」や「厳しい」といった形容詞を用いた評定も行われており，共通した結果としては，安定型は親切な親イメージを，軽視型は厳しい親イメージを，とらわれ型は両価的な親イメージを抱きやすかった。

　愛着パターンと親の評価の関連に関する研究 (Carnelley, et al., 1994；Gittleman et al., 1998；Luke et al., 2004 など) は，親の評価という，親イメージの構成要素のうちの一つと愛着パターンの関連を検討しているが，親イメージの構成要素として数多く想定されるもののうちどのような構成要素を特に強く意識しているかや，その構成要素間にどのような関係があるかについて扱っているものではない。また，Levy et al. (1998)，Priel & Besser (2001) の研究における形容詞を用いた評定は，親の評価に関するこれまでの研究よりもやや幅広い構成要素を扱ってはいるが，それでも親イメージの構成要素を数多く扱っているとは言えないのに加えて，その構成要素間の関係は問題とされていない。したがって，これまでの研究では，愛着パターンと多いとは言えない構成要素との関連が明らかにされたに過ぎないであろう。

　そこで本章は愛着パターンと親イメージの構成要素やその構造，つまり内的意味構造との関連ついて検討することを目的とする。まず各愛着パターンをもつ個人が親イメージの構成要素としてどのようなものを有しているかをより多面的に，かつできるだけこぼれ落ちるものがないように把握する必要がある。そのためには，第3章と同じよう

91

に，調査者によって予め設定された内容を問う方法ではなく調査協力者が自由に表現したイメージを，それに即した形で分析することが可能な探索的な方法を用いることが重要であろう。したがって，第3章に引き続いて20答法（Kuhn & McPartland, 1954）を用いて親イメージを測定し，得られたデータをテキストマイニングおよび個別事例から検討することとする。

 調査の概要

2-1　親イメージの収集

　調査協力者は，大学生，大学院生283名（女性136名，男性147名　平均年齢19.94歳　$SD = 1.82$）であり，271名が第3章の調査協力者と重複していた[2]。調査は2013年7月および10月に実施された。具体的には，大学の講義後の時間を利用して質問紙を配布し回収を行った。なお，本調査では，倫理的配慮として，大学教員に所属機関の研究ガイドラインに沿った倫理的事項に関するチェックを受けた。

　質問紙の表紙に，調査の目的，回答は自由意志によること，個人情報の保護には最大限配慮することを明記した。質問紙は，フェイスシート（性別，年齢），親イメージ測定のための20答法，愛着パターン尺度から構成された。

　親イメージ測定のための20答法は，Kuhn & McPartland (1954) に

---

2)　第3章と本章で調査協力者数が異なっているのは，本章で使用した親イメージ測定のための20答法，第3章で使用した自己イメージ測定のための20答法のいずれか一方しか回答しなかった調査協力者がいたためである。

よって考案されたものを援用して作成した。教示に関しては，親イメージの測定のため，山田（1989）によるもののうち，「私は」を「私の親は」に変更して実施した。具体的な教示は，「"自分の親のこと"ということで，あなたの頭に思い浮かんで来たことを"私の親は…"に続けるようにして，20項目以内で書いてください。どういうことを書いたらよいとか，いけないとかいうことはありませんので，思いつくままに自由に書いてください。」とした。調査協力者が「父親」と「母親」で異なった表象を形成している可能性は十分あり，「父親」と「母親」を区別して検討することは重要であるが，まず「親」と大枠で捉えて愛着パターンとの関連を検討することも必要であると考えたため，本調査では「親」と一括りにして親イメージを測定することにした。なお，本章では，「私の親は」に続く一文を「項目」と呼ぶこととする。

愛着パターン尺度としては，第3章と同様，Bartholomew & Horowitz（1991）のRQの日本語版（加藤，1998）を用いた。

調査協力者283名のうち，RQにより分類された各愛着パターンの人数は，安定型66名（23.3%），軽視型27名（9.3%），とらわれ型107名（37.8%），おそれ型83名（29.3%）であった。この構成比と過去に日本で行われた調査で得られたものを比較したところ，有意差はみられなかった[3]。

親イメージ測定のための20答法の平均回答項目数は5.72個（$SD =$ 5.02）であった。愛着パターン間で回答項目数に差があるかを検討し

---

3) この構成比と中尾・加藤（2003）における日本での調査で得られたものについて，比率の差を検討するためにχ^2検定を行った結果，有意差はみられなかった（$\chi^2 = 2.97$, $df = 3$, $n.s.$）本分析は第3章と同じであるが，前述の通り，調査協力者が一部異なっているため再度分析した。

たが，有意差はみられなかった[4]。

2-2　親イメージの把握

(1)　テキストマイニングによる分析

　第3章と同じく，テキストマイニングによる分析は，フリーソフトウェアの KH Coder を用いて行われた。分析手続きは "KH Coder 2.x リファレンス・マニュアル"（樋口，2014）に準拠し，分析は，分析者による視点を大切にしつつも，恣意性を排除することを念頭において実施された。具体的には，恣意性を排除するため，コーディングの際，必要があればその都度原文を確認しコーディングが原文の文脈に即しているかを検証したうえで，臨床心理学専攻の大学院生2名と筆者の計3名の合議により決定を行うという手続きをとった。

▶分析手続き
　①語の抽出
　まず，記述されたデータのうち，誤字脱字があったものを訂正し，「子ども」と「子供」など別表記ではあるが同じ意味をあらわす語の表記を統一した。その後，形態素分析を行い，記述された単語を品詞ごとに分類した。その結果，1082種類の語が抽出された。川端・樋口（2003）や樋口（2011）を参考にここでは5回以上出現のあった頻出145語を取り出して分析対象とした。

---

4)　クラスカル・ウォリス検定を用いて分析した（$H = 4.59$, *n.s.*）。

第 4 章　親をどう捉えるか

②コーディング

分析対象とした語について，概念的に類似したものをまとめるコーディングを行った。コーディングは，コーディング・ルール（抽出された語をコーディングするためのルール）を作成しながら行われた。コーディング・ルールに沿ったコーディングが回答の原文と一致して行われているかに関して信頼性を担保するために先述の 3 名で協議しながら，より適切で包括的なコーディングになるように検討を行った。コーディング結果を表 8 に示した。また，以下の分析では，項目を分析単位とした。

③クロス集計

愛着パターンと各コードの関連を検討するために，愛着パターンと当該のコードの出現の有無に関して分析した[5]（表 9）。

④共起ネットワーク

続いて，各コードの共起ネットワーク図（図 7 〜 10）を作成した。共起ネットワークや図に表記されている数値については第 3 章における図 3 〜 6 と同様である。

(2)　個別事例の検討

第 3 章と同様，テキストマイニングによる分析では，頻出語以外の単語，前後の文脈や項目順などを検討することができないため，各愛着パターンの特徴を代表していると考えられる親イメージについての 20 答法の事例を，各パターン一人ずつ取り上げて詳細に検討するこ

---

[5]　コードごとに 4×2 のクロス集計を行って χ^2 検定を実施し，有意の結果が出たコードについては，どのパターンで差があったのかを検討するために残差分析を行った。

表8　親イメージについての20答法コーディング結果

コード名	コーディングルール	含まれる単語例
本人	回答者自身をあらわすもの。	私，自分 *，子ども *
家族	親以外で回答者が同居している人，動物。別居している血縁者。	家族，弟，犬 **
属性	所属，年齢などの親をあらわす社会的特性。	出身，田舎，歳，若い，仕事名
性格	親をあらわす性格傾向。	性格，頑固，明るい，しっかり，社交，元気，まじめ，
良好な関係	親との関係性をあらわす語のうち，その関係性が良好であるという意味を含むもの。	信頼，尊敬，頼り，尊重，大事，助ける，優しい，世話，支える，大切，面倒，応援，理解，熱心，教育，自由，心配（「過剰な関わりに含まれるものを除く」）
過剰な関わり	親からの関わりをあらわす語のうち，その関わりの程度が過剰であるという意味を含むもの。	干渉，過保護，おせっかい，うるさい，口うるさい，厳しい，理不尽，心配＋過度な表現 ***
人間関係	親が関わっている他者や他者との関わりをあらわすもの。	友達，他人，しゃべる，話す，話，言う
生活	親が日々の生活で営んでいることや，それに関わるもの。	人生，生きる，笑う，怒る，寝る，お金，よく，いつも，仕事，働く，共働き，忙しい，料理，家事，趣味，旅行，酒
肯定的表現	親にまつわるものに関する肯定的評価を含む表現（親との関係性をあらわす語は含まない）。	好き，大好き，良い，幸せ，楽しい，すごい，おもしろい，うまい，上手，正しい
否定的表現	親にまつわるものに関する否定的評価を含む表現（親からの関わりをあらわす語は含まない）。	嫌い，悪い，古い，疲れる
打消し語	否定文を作る語。助動詞と形容詞を含む。	ない

* :「私の親は自分のことを話すのが好きです。」，「私の親は子どもっぽい。」など回答者本人を指さないものを除いてコーディングを行った。

** :「私の親は愛犬の世話を欠かさない。」など，明らかに「家族」として捉えられているもののみ，コーディングを行った。

*** :例えば，「私の親は心配しすぎる面がある。」というものがある。

第 4 章　親をどう捉えるか

表 9　親イメージについての 20 答法クロス集計結果

| | | 愛着パターン | | | | 合計 | χ^2 値 |
		安定型	軽視型	とらわれ型	おそれ型		
コード名	本人	37 (7.8%)**	10 (6.7%)	88(14.0%)**	74(11.3%)	209(11.0%)	13.95**
	家族	6 (1.3%)	1 (0.7%)	3 (0.5%)	6 (0.9%)	16 (0.8%)	2.10
	属性	17 (3.6%)**	3 (2.0%)	9 (1.4%)	7 (1.1%)	36 (1.9%)	10.36*
	性格	32 (6.7%)	14 (9.3%)	40 (6.4%)	26 (4.0%)*	112 (5.9%)	8.41*
	良好な関係	58(12.2%)	14 (9.3%)	44 (6.8%)	78(12.0%)	237(12.5%)	2.72
	過剰な関わり	20 (4.2%)	7 (4.7%)	87(14.0%)	38 (5.8%)	101 (5.3%)	1.85
	人間関係	11 (2.3%)	4 (2.7%)	15 (2.4%)	21 (3.2%)	51 (2.7%)	1.16
	生活	59(12.4%)*	9 (6.0%)	46 (7.4%)*	73(11.2%)	187 (9.8%)	11.78*
	肯定的表現	56(11.8%)	18(12.0%)	78(12.5%)	87(13.3%)	239(12.6%)	0.65
	否定的表現	5 (1.1%)	5 (3.3%)	13 (2.1%)	14 (2.1%)	37 (1.9%)	3.70
	打消し語	24 (5.1%)	9 (6.0%)	49 (7.8%)	57 (8.7%)	139 (7.3%)	6.15
総回答項目数		475	150	626	653	1904	

* : $p<.05$　　** : $p<.01$　　　　　　　　　　　　　　　　※全て $df=3$

ともあわせて行った。

　以下では，テキストマイニングによる分析と個別事例の検討から示された各愛着パターンにおける親イメージの特徴を述べていきたい。

③　見守ってくれている「親」 —— 安定型

　安定型は，クロス集計において，他のパターンに比べ，「属性」や「生活」が有意に多く，「本人」が少ない。安定型が抱く親イメージの共起ネットワーク（図7）によると，「生活」の中心性がもっとも高く，その次に「本人」と「良好な関係」の中心性が高い。「生活」は「打消し語」，「肯定的表現」，「人間関係」と強くむすびついている。「生活」と「打消し語」との共起では，「私の親はあまり家事をしない。」とい

97

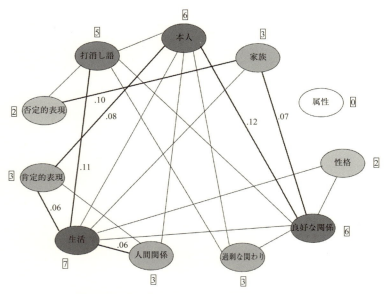

図7　安定型が抱く親イメージの共起ネットワーク

うように，否定的な意味をもつものから，「私の親はあまり怒らないです。」というように，肯定的な意味をもつものまで存在している。「生活」と「肯定的表現」，「人間関係」のむすびつきの例としては，それぞれ「私の親は人生を楽しんでいる。」，「私の親は友達とよくご飯に行っている。」という例がある。「本人」と「良好な関係」は，この二つのコードが強くむすびついている。例えば，「私の親は私を信頼している。」という例がある。

　安定型は，クロス集計では，本人との関係を親イメージとして重要視しておらず，属性や生活から親イメージを捉えやすかった。一方で，共起ネットワークでは，属性の次数中心性は0であった。しかし，属

性は「私の親は○歳だ。」など単体で項目を形成することが多いという性質をもっていることから次数中心性が低くなっていたのだろう。そのため，属性は，他のコードとのむすびつきからは，安定型の親イメージの中心的位置にはあらわれていないが，出現頻度という意味で，親イメージのなかで強く意識されていたと解釈できる。また，共起ネットワークからは，親が日々営んでいる生活が，肯定的，否定的両方の意味を含んで幅広く，親イメージにもっともむすびつきやすいことも明らかになった。さらに，本人との良好な関係も安定型の親イメージの中心に位置していた。安定型においては，属性や日々の生活といった社会的な側面が親イメージを形成するうえで重要な構成要素となっていることがわかる。これは，第3章で見いだされた，安定型は社会的な側面が自己イメージに強くむすびつきやすいことと一致している。安定型は，様々なイメージにおいて社会的な側面を重視しやすいようである。また，出現頻度では本人のコードは少なかったが，他のコードとの共起という点では本人との良好な関係が中心に存在していた。これが意味していることとしては，安定型は肯定的な親への評価をもっているという研究（Mikulincer & Shaver, 2007）をあわせると，安定型がもつ親イメージの特徴の一つに親と本人の良好な関係があると捉えるのが妥当であろう。一方で，安定型では社会的な面を中心に他の構成要素も幅広く親イメージとむすびつきやすいため，出現頻度という点では，本人と親との関係はあまり強くは意識されていなかったと推察される。

　安定型がもつ親イメージの特徴を，項目の継列的変化も含めてより詳細に検討するために，親との関係についての記述が特に詳しくなされていた安定型のE（20歳，男性，大学生）の回答を提示する。Eの20答法の回答を表10に示した。

表10　Eによる親イメージについての20答法の回答

項目番号	回　　答
1	私の親は50歳ちょいぐらいです。
2	私の親はサラリーマンです。
3	私の親は厳しいときは厳しいけど優しいときは優しいです。
4	私の親はわりと教育熱心です。
5	私の親はあまり口出しはしません。
6	私の親は自分がやると決めたことは尊重してくれます。
7	私の親は自分のことをいつも気にかけてくれます。
8	私の親は間違ったことをすると怒ります。

　安定型のEは項目1, 2で「私の親は50歳ちょいぐらいです。」,「私の親はサラリーマンです。」と記述しているように，親の社会的な属性から回答を始めており，この特徴は第3章で安定型の個別事例として取り上げたAにもみられた。安定型は，質問紙の回答しはじめ，つまり，何らかの表現をする際の最初には，社会的な立ち位置のような客観的な事柄について述べやすいのだろう。

　そしてEは項目3で「私の親は厳しいときは厳しいけど優しいときは優しいです。」と答え，Eからみた親の姿について言及した。Eは，親は場合によって「厳しいとき」と「優しいとき」があると述べており，Eが親を一面的に捉えているわけではないことがうかがえる。項目3では，Eが具体的に親のどのような側面を「厳しい」もしくは「優しい」と感じているのかについては明確にされないが，項目4以降で詳しく述べられていった。項目4, 5で「私の親はわりと教育熱心です。」,「私の親はあまり口出ししません。」と記し，親は熱意をもってEを育ててきた一方で，基本的にはEに口出しをせず見守るというスタンスをとってきたとEは捉えていると言える。項目6, 7では，「私の親は自分がやると決めたことは尊重してくれます。」,「私の親は

いつも気にかけてくれています。」と述べており，ここからもEは親が自分に関心をもち続けてくれており，自分の決断を応援してくれているという実感を抱いているらしい。ただ，項目8で「私の親は自分が間違ったことをすると怒ります。」と回答しているように，親はEの考えをただ漫然と肯定し続けてきたわけではなく，必要に応じてEに厳しく接してきたのだろう。Eは親について，基本的には自分のことを，関心をもって見守ってくれているが，何か間違ったことをした際には厳しく接すると理解しているようである。ここから，安定型は普段から親のことを強く意識しているというわけではなく，彼らにとって親との関係は，社会生活の基盤として機能していると理解できるのではないだろうか。そう考えると，テキストマイニングによる分析では，安定型の親イメージの特徴として，自身と親の良好な関係がその中心に存在していた反面，本人の出現頻度が少ないことが示されたのにも合点がいく。基本的には子どもを見守りながら，いざというときには頼りになるという親の姿は，親からの自立がテーマとなるEのような青年とっては理想的である。ただ，実際にEが親にそのようなイメージを抱いていることはたしかである一方で，20答法は投影法的側面ももちながらもあくまで記述による回答を求めるものであるために，Eが意識的に親の理想的な姿を記した可能性も否定できない。

　項目の流れからみると，最初の項目1，2で客観的な事柄である親の社会的属性が，項目3でEからみた親の全体像が述べられ，項目4以降で親の姿についてより詳しく描写されていった。このように，項目が進むにしたがってE自身が親をどのように捉えているのかが次第に明らかになっていったと考えられる。これは，第3章において安定型の個別事例として取り上げたAの特徴とも共通している。安定

型との心理療法において，安定型クライエントは自分や親を含む重要な他者について語るなかで，自ら心理療法を展開させていくと言えるのではないだろうか。

"すばらしい"「親」── 軽視型

　軽視型の親イメージに関して，クロス集計では有意差のあるコードがみられなかった。軽視型が抱く親イメージの共起ネットワーク（図8）によると，「本人」と「肯定的表現」の中心性がもっとも高い。「本人」は，「良好な関係」，「生活」ととりわけ強くむすびついている。例えば，「私の親は私のことを大事にしてくれている。」という例がある。また，「本人」は，「過剰な関わり」や「打消し語」とも強くむすびついているが，具体的な記述をみてみると，「本人」と「過剰な関わり」のみがむすびついている例はなく，必ずそこに「打消し語」が共起していた。例えば，「私の親は私のすることに干渉しない。」という例がある。「打消し語」は特に「過剰な関わり」と「人間関係」とむすびつきが強い。例えば，「私の親は口うるさくない。」，「私の親はあまりプレッシャーになるようなことを言わない。」という例がある。「肯定的表現」は，「生活」，「打消し語」，「家族」，「属性」と幅広くむすびつきが強い。例えば，「私の親は酒が好きだ。」や「私の親は家族が大好き。」という例がある。

　クロス集計結果からは，他のパターンとの比較という点では，軽視型のもつ親イメージの特徴が浮かび上がってきにくいのかもしれない。これは第3章の自己イメージで指摘されたことと同様である。共起ネットワークでは，軽視型がもつ親イメージの中核として，自分と

第4章 親をどう捉えるか

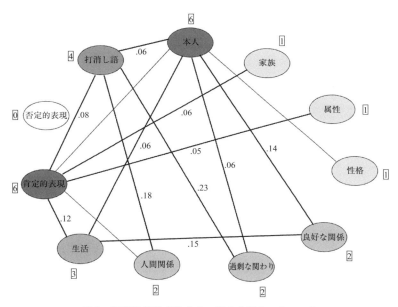

図8 軽視型が抱く親イメージの共起ネットワーク

の関係や肯定的表現が存在していた。他者の重要性を過小に評価している軽視型（Bartholomew & Horowitz, 1991）が，自分と親を切り離してではなく，自分との関係から親を捉えようとするという結果が得られたことは，意外であるがゆえに興味深い。軽視型がこのような親イメージを抱いていることへの一つの理解として，親が自分以外の関係や社会に開かれていることについて目が向きづらいことが考えうる。軽視型は，柔軟性に欠け，それ以外の可能性に開かれていないという意味での硬直した物語に固執すると指摘されている（Holmes, 1998）が，親について考えるという文脈では，自分と親という閉じられた世界に生きており，親をそれ以上広い視野をもって捉えにくいのではないだろ

103

うか。また，自分との関係のなかで，特に打消し語と過剰な関わりが同時に強く共起されていたことから，軽視型は，親が自分を束縛していないということを強く意識していると考えられる。この背景には，親と密着するのではなく，親とある程度距離をおいておきたい思いがあるのだろう。軽視型は，親イメージを自分との関係から捉える傾向がありながらも，距離をおきたいとも同時に考えており，親との距離感という点で葛藤を抱えやすいと言える。さらに，軽視型の自己イメージにおいて，肯定的表現もその中心領域に存在していた。これは，自己観，他者観のどちらかが否定的であると親を否定的に評価しやすいとする研究が多いという Mikulincer & Shaver (2007) による概観結果とは一致していない。しかし，この概観では，軽視型と親の否定的な評価に関連があるとは言えないという結果を示している研究が7つ紹介されてもいる (Crowell et al., 1999b；Kennedy, 1999 など)。今回指摘された軽視型がもつ肯定的な親イメージは，第3章の自己イメージでも指摘された軽視型の防衛的なあり方を反映したものとも理解できる。

　軽視型がもつ親イメージの独自な特徴をより明確に見いだすには，テキストマイニングで示された結果の背景に働いている力動について検討することが大切であるため，その特徴をよくあらわしていた軽視型の F（20歳，女性，大学生）の回答を提示する。F の20答法の回答を表11に示した。

　軽視型の F は，項目1，2で「私の親は家族が大好き。」,「私の親は自分より子どものためを想っている。」と答えており，親は F を含めた家族を大切に思っていると F は理解しているようである。さらに，F は項目3，4でも「私の親は頼りになる。」,「私の親は優しい。」と F にとって親がいかに肯定的な存在であるかについて述べている。項

第4章 親をどう捉えるか

表11　Fによる親イメージについての20答法の回答

項目番号	回　　答
1	私の親は家族が大好き。
2	私の親は自分より子どものためを想っている。
3	私の親は頼りになる。
4	私の親は優しい。
5	私の親は心配性。
6	私の親は厳しい。
7	私の親は友達より話しやすい。
8	私の親は一生懸命。
9	私の親は尊敬できる人。

目5，6では「私の親は心配性。」，「私の親は厳しい。」と親の否定的側面とも捉えられる内容に言及しているが，これ以上詳しい記述はその後の項目にもない。

　では，項目4の「私の親は優しい。」と項目6の「私の親は厳しい。」は，Fのなかではどのように両立しているのだろうか。「優しい」については，「子どものためを想っている」や「頼りになる」とも関連しているようであり，ある程度広がりをもったものとして理解できるが，「厳しい」については具体性がなく，関連する記述も見当たらない。安定型のEは，「優しい」と「厳しい」の両立について「基本的に優しいが，自分が間違ったことをすると厳しい」と捉えていたが，Fは，親の「優しさ」と「厳しさ」を両立させるというよりは，「厳しさ」の方をみないようにすることで対処し，肯定的な面を強く意識しているのではないだろうか。項目7では，「私の親は友達より話しやすい。」と述べ，Fは親と気兼ねなく話ができると感じているようである。しかし，Fは20歳であり，親から内的，外的に分離して，同世代と関わるなかで自らに合った価値観を身につけていく年代であること

105

（乾，2009）を考慮に入れると，Fは同世代の関係に開かれるというよりも，親との関係にとどまっていたい気持ちをもっているのだろう。項目8，9で「私の親は一生懸命。」，「私の親は尊敬できる人。」と述べて回答を終えたことについても，Fは親の肯定的な面を強調したと解釈できる。また，Fの回答はすべて親とFを含めた家族の関係，もしくは親の性格特徴に関するもので，安定型においてみられた社会的な側面についての記述はみられなかった。これは，自分と親との関係以外に目が向きづらいというテキストマイニングから得られた軽視型の特徴に合致している。

　Fは，親の「厳しい」面を認識してはいるものの，それをあまりみないようにすることで対処しており，親の肯定的な面を強く意識していた。つまり，Fは親を"すばらしい"存在として捉えていることがわかる。さらに，Fは親の存在を重要視しており，友達やパートナーとの気のおけない関係に開かれにくいところもあるようである。したがって，軽視型との心理療法において，軽視型クライエントは，親をはじめとした重要な他者との関係について肯定的に話すが，重要な他者の否定的な面にふれることは難しいと想定される。セラピストとの関係については，軽視型は重要な他者以外の関係に開かれづらいため，セラピストを親のような重要な他者として認識しにくいところがあると考えられる。彼らとの心理療法では，セラピストへの思いを取り扱い，話し合いをすることは難しい作業となるのではないだろうか。

よくわからない「親」── とらわれ型

　とらわれ型は，クロス集計結果では，「本人」が有意に多く，「生活」

第4章　親をどう捉えるか

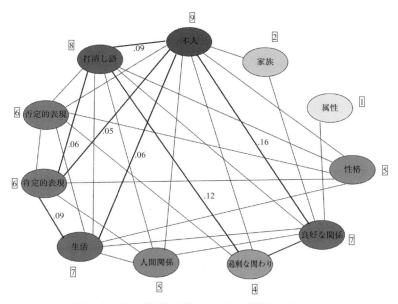

図9　とらわれ型が抱く親イメージの共起ネットワーク

が少ない。とらわれ型が抱く共起ネットワーク（図9）によると,「本人」の中心性がもっとも高く，次に「打消し語」の中心性が高い。「本人」は,「良好な関係」や「打消し語」と強くむすびついている。例えば,「私の親は私を信頼してくれている。」,「私の親は私のことをきちんと理解しようとしない。」という例がある。「打消し語」は,「過剰な関わり」,「本人」,「肯定的表現」と強くむすびついている。例えば,「私の親は干渉しない。」,「私の親は私のことをきちんと理解しようとしない。」,「私の親はよくわからない。」という例がある。

とらわれ型は，クロス集計では，本人という点から親イメージを捉えやすく，生活という点からは意識しにくかった。一方で，生活は，

107

共起ネットワークでは，次数中心性は 7 と比較的高かった。よって，とらわれ型にとって親の生活は，他のコードとのむすびつきのなかでは随伴的に幅広くあらわれてくるが，親の生活そのものについてはあまり意識されてないと解釈できる。また，共起ネットワークでは，とらわれ型がもつ親イメージの中核に，自分との良好な関係が存在していた。とらわれ型においては自分と親がいかによい関係にあるかが親イメージに強くむすびつきやすいのだろう。とらわれ型は，親を自分との関係からもっともよく捉えやすいという意味では軽視型と共通しているが，親との良好な関係に特化しているのが特徴的である。軽視型はより広い視点から親イメージを想像することが難しく，自分との関係から親イメージを"捉えざるをえない"のに対し，とらわれ型は，親と自分の関係にのめり込む（Bartholomew & Horowitz, 1991）ために，特に自分とのよい関係から親イメージを"捉えようとする"ため，親イメージの形成機序からは対照的であると言える。軽視型と同様，とらわれ型の親イメージにおいても，打消し語が中心領域にあり，親が自分に過剰には関わってこないことを強調していた。しかし，とらわれ型には「私の親は結局のところ自分のことしか考えてないように思う。」，「私の親はあまり親に向いていないかも。」など，親を強く否定するような回答も多くみられた。このことから，とらわれ型は親と自分のよい関係を意識しているだけでなく，親への否定的感情も同時に有していることがうかがえる。とらわれ型は，自己イメージのなかで人との関係を両価的に捉えていたが，親イメージでもその傾向がみられた。

　後に考察するおそれ型も含め，他のパターンも親とのよい関係を意識しているが，ここではとらわれ型独自の親イメージの特徴をより詳しく検討するために，本人との関係について多くの記述があった G

第4章　親をどう捉えるか

表12　Gによる親イメージについての20答法の回答

項目番号	回　　答
1	私の親は私を愛している。
2	私の親は仕事をしている。
3	私の親はもうすぐ年寄りになる。
4	私の親は夫婦仲が悪い。
5	私の親はおせっかい。
6	私の親は放任主義。
7	私の親はよくわからないところがある。
8	私の親は私とは違う人。
9	私の親は私の家族。
10	私の親は私の大切な人。
11	私の親は私の支え。

（19歳，女性，大学生）の回答を提示する。Gの20答法の回答を表12
に示した。

　とらわれ型のGは項目1で「私の親は私を愛している。」と述べ，
親から自分に愛情が注がれていることを最初に強調している。これは，
Gは親から愛されていることを強く意識している一方で，その背景に
は親からへの愛情に不安があるとも理解できる。項目2，3では「私
の親は仕事をしている。」，「私の親はもうすぐ年寄りになる。」と述べ，
Gは親の社会的な面に目を向けている。「もうすぐ年寄りになる」と
いう記述は，親の現状というよりも近い将来について述べており，G
は親が年を重ねることで，親のあり方や自らとの関係が変化していく
可能性を感じているのかもしれない。Gは項目4で「私の親は夫婦仲
が悪い。」と否定的な内容を記述しているが，これ以上夫婦仲には言
及せず，以降では自分との関係について記していった。Gは項目5で
「私の親はおせっかい。」と述べる一方で項目6では「私の親は放任主
義。」と答えている。この二つの回答は親の態度として反対のことを

109

あらわしているが，Gにとってどのように理解されているのだろうか。続いて項目7で「私の親はよくわからないところがある。」としているように，正反対の態度を示す親は，Gにとってはよくわからず，整理されていないようである。こうしたGのあり方は，親が異なる姿をみせる理由を理解していた安定型のEや，親の否定的な面にふれないようにしていた軽視型のFとは大きな違いがある。とらわれ型は，AAIによる特徴として一貫しない語りがなされるとされる（Hesse, 1999）が，その特徴はGの20答法における親イメージにもあらわれており，Gは親の言動に翻弄され，混乱しているのだろう。項目8では「私の親は私とは違う人。」と記述しており，Gにはよくわからない親を自分と切り離して考えたいという気持ちもあるようである。物理的に親と子どもが別人であることは明白ではありながらも，「親は私とは違う人」と回答していることからは，逆説的ではあるが，心理的にはGと親は一体となっているとも解釈できる。Gはその後の項目9〜11で「私の親は私の家族。」，「私の親は私の大切な人。」，「私の親は私の支え。」と記述し，親はかけがえのない存在であることを再度強調して回答を終えた。このことより，Gは親と離れたい気持ちをもっていても，非常に大切な存在であるため，実際に親と分離することは難しいのではないだろうか。

　以上より，Gにとって親は唯一無二の存在でありながらもよくわからない存在でもあることがわかる。さらに，そのような親と心理的に一体となっており，分離したくても実際には難しいようである。また，「私の親は私を愛している。」や「私の親は私とは違う人。」と回答されたことから，親との関係に不安を抱いていたり，親と心理的に一体となっていたりする可能性が示唆されたが，このことは，Gに意識されている事柄と無意識的な心理状態が相反していることを示している

第4章 親をどう捉えるか

のかもしれない。

　Gの事例検討からは，とらわれ型との心理療法においては，親をはじめとした重要な他者との一体化や分離がテーマになることが想定される。とらわれ型にとって重要な他者と分離することはかけがえのない存在を失うことを意味しており，相当に難しい作業になるであろう。また，同様の一体化と分離をめぐるテーマはセラピストとの間にも生じる可能性は十分ある。

⑥ 言動に矛盾がある「親」── おそれ型

　おそれ型は，クロス集計結果では，「性格」が有意に少ない。おそれ型が抱く親イメージの共起ネットワーク（図10）によると，「本人」の中心性がもっとも高く，次に「良好な関係」や「打消し語」の中心性が高い。「本人」は，「良好な関係」や「打消し語」と強くむすびついている。例えば，「私の親は色々な点で私を支えてくれます。」，「私の親は私が本当に嫌だと感じる言葉や態度をわかっていない。」という例がある。また，「打消し語」は，「本人」以外とは「過剰な関わり」や「生活」とむすびつきが強い。例えば，「私の親は勉強しろとうるさく言わない。」，「私の親は料理がうまくない。」という例がある。

　おそれ型は，クロス集計において，性格という点から親を捉えにくかった。共起ネットワークからは，おそれ型の抱く親イメージとして自分との良好な関係や，打消し語に伴う親への否定感が中心領域にあることが示唆された。これらから，おそれ型は，性格的特徴という親の個人特性という点ではなく，特に自分との関係性が親イメージの大きな位置を占めていることがわかる。また，共起ネットワークでは，

111

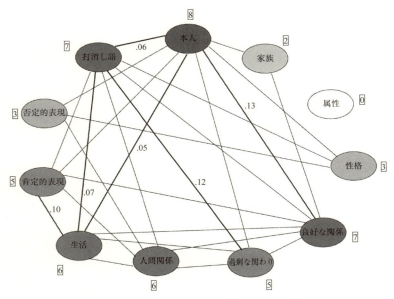

図10　おそれ型が抱く親イメージの共起ネットワーク

　おそれ型が抱く親イメージは，とらわれ型の結果と重なる部分が多かった。おそれ型は，AAI分類や，Bartholomew & Horowitz (1991) による分類が主流になる前によく用いられていた Hazan & Shaver (1987) の分類では軽視型と同じパターンに相当すると考えられている (Bartholomew & Horowitz, 1991) など軽視型との類似性が大きいとされるが，本結果からは，とらわれ型と類似していた。親イメージについては，おそれ型は軽視型よりもむしろとらわれ型に近いようである。

　先ほどのとらわれ型と同様，本人との関係に関して詳しい記述があったおそれ型のH (19歳，女性，大学生) の回答を提示し，おそれ型独自の親イメージの特徴を検討したい。Hの20答法の回答を表13

第4章 親をどう捉えるか

表13 Hによる親イメージについての20答法の回答

項目番号	回　　答
1	私の親は私のやりたいことを尊重してくれる。
2	私の親はやたらと心配して質問してくる。
3	私の親は私が本当に嫌だと感じる言葉や態度をわかっていない。
4	私の親はできるかぎりのことはしようとしてくれる。

に示した。

　おそれ型のHは，項目1で「私の親は私のやりたいことを尊重してくれる。」と記述しており，親が自分を応援してくれていると感じていることがうかがえる。一方で，項目2では「私の親はやたらと心配で質問してくる。」と記述し，Hの親は，安定型のEの親のように見守っているわけではなく，頻繁に干渉してくるようである。さらにHは項目3で「私の親は本当に嫌だと感じる言葉や態度をわかっていない。」と親を強く批判している。最後の項目4で「私の親はできるかぎりのことはしようとしてくれる。」と述べ，Hは項目3の批判のフォローをしたのかもしれない。この4つの項目をつなげると「私の親は，私のやりたいことを尊重し，できるかぎりのことはしてくれるが，やたらと心配して質問してきて，私が本当に嫌だと感じる言葉や態度をわかっていない。」となり，Hは親が応援してくれることに感謝しているが，親の実際の言葉や態度はHを応援するようなものではないと感じているのだろう。つまり，親はHを支持しつつも，実際にはそうではない言動をしており，そうした矛盾にHは不満を抱いていると理解できる。Hは親には見守ってくれることを期待し，親自身もそのようにしたい思いをもっているが，実際には口出しを多くし，Hは気持ちよくやりたいことに取り組めていないことがわかる。

　テキストマイニングによる分析では，とらわれ型とおそれ型は親に

相反する情緒を同時に抱いていた。特に親への否定的な情緒について，とらわれ型のGの事例検討からは，Gが直接親に不満を表明しているかは明確ではなかったが，とらわれ型は情緒を抱える構造が弱く，様々な情緒を表出するとされている (Slade, 1999)。一方で，Hの親への不満は，「私の親は私が本当に嫌だと感じる言葉や態度をわかっていない。」とあるように，親には届いておらず，自分のなかだけに保持しているのだろう。これは，セラピストに否定的な情緒を表出しないというおそれ型の特徴 (工藤, 2004) や自己イメージの事例検討で取り上げたおそれ型のDとも共通している。

Hの事例検討から，おそれ型との心理療法においては，親をはじめとした重要な他者に対して一定の感謝をもちつつも，相手が気づいていないところで不満を抱いていることが話題になる場合が考えられる。彼らはセラピストの言動の矛盾にも敏感であり，セラピストに対して否定的な情緒を抱いていたとしても，表明することなく自分のなかに保持している可能性にセラピストは留意する必要がある。

これまで，愛着パターンごとに親イメージの特徴を検討してきたが，自己イメージと同様，自己観と他者観という観点からも考察したい。自己観が肯定的（安定型と軽視型）であると，親への肯定的なイメージのみを強調するのに対し，自己観が否定的（とらわれ型とおそれ型）であると，親への肯定的なイメージに加えて，否定的なイメージも親イメージの中心的役割を担っていた。事例検討からは，自己観が否定的だと，親が見せる様々な姿に翻弄されやすかった。一方で，軽視型では肯定的な親イメージが強調されているように，他者観が否定的（軽視型とおそれ型）であっても，必ずしも意識的な親イメージは否定的になるというわけではなかった。したがって，特に，自己観の否定と

114

否定的な親イメージが関連していたと言える。Mikulincer & Horesh (1999) の研究では，否定的な自己観をもつとらわれ型に相当するとされる Hazan & Shaver (1987) による分類の不安／アンビバレント型は，自己像を他者に投影しやすいことが示されているが，本章では探索的手法をとったことにより自由な表現が許されたこともあいまって，自己観の否定に由来する自らの低い価値づけが親に投影されやすく，親イメージも否定的なものになっていたのではないだろうか。先にもふれたが，他者観の否定に由来する他者への低い価値づけが必ずしも親イメージにむすびついていたわけではないことには軽視型の防衛的あり方が関係している可能性もある。

　ここまで，愛着パターンと親イメージの関連について検討してきたが，「親」には「母親」と「父親」が存在しており，それぞれにあてはまる人物が一人ではない場合もある。親によって異なるイメージを抱くのは自然なことである。また，年齢によっても，親の位置づけは大きく違ってくる。今回の調査に参加した大学生，大学院生は，親から心理的に自立していく青年期 (Blos, 1967) にあたるため，その特徴を反映した回答が多くみられた。もし 40 代〜 60 代の方々に調査を行っていたとすれば，親の老いに直面し，親との関係を再びむすび直す動きが結果にあらわれていたかもしれない。さらに，当然ながら，人生とって大きな意味をもつ人物は親だけではない。様々に形成され，変化していく重要な他者の表象をもとにしつつ，セラピストの個性の影響も受け，セラピストに向けられる情緒は定められていくのだろう。本章で得られた知見を下敷きに，重要な他者に抱く思いについてもう少し細やかに検討することで，クライエント─セラピスト関係をはじめとした二者の関係のなかで揺れ動く気持ちをより深く，的確に捉えることができるようになるのではないだろうか。

第5章

愛着からみえてくる関係性のテーマ
自己イメージと親イメージの関わり

第5章 愛着からみえてくる関係性のテーマ

　これまで第3章および第4章で愛着パターンと自己イメージ，親イメージとの関連を明らかにしてきた。本章では，各愛着パターンにおける関係性のテーマを明確にするために，同一の調査協力者における自己イメージおよび親イメージに関する20答法の回答を各愛着パターンで一事例ずつ提示し，各パターンにおける内的表象の特徴を改めて検討する。本章の終わりには，これまでの愛着理論の発展を総括し，愛着理論の探究対象が愛着パターンから内的表象へとさらに変化する可能性があることを論じる。そして，各愛着パターンに特徴的な内的表象が心理療法でも機能することでクライエントは心理療法においてどのようなことを体験しうるかについてもあわせて考察したい。

① いざというときの助け ── 安定型

　安定型の自己イメージと親イメージを比較するため，両方の20答法で多くの記述がなされ，特に親イメージについての20答法で親子関係に関して詳しく書かれていた安定型のI（22歳，女性，大学生）の回答を提示する。Iの20答法の回答を表14, 15に示した。
　安定型のIは，自己イメージについての20答法の項目1〜12にかけて，自らの性格や取り組んでいる活動，あるいは身長といった客観的な事柄を述べている。ここから，Iは明るく朗らかな性格で幅広い趣味をもっており，身長が低いことをやや気にしていることがうかがえる。項目13で「私は時々泣く。」と記した後，Iは苦手に思っていることや現状に対する願望を述べていった。項目14, 15で「私は休めない質だ。」，「私は時々休みたい。」と書いているように，Iは「我慢強い」こともあり，常に何かに打ち込んでいるが，時に休息がほし

119

表14　Iによる自己イメージについての20答法の回答

項目番号	回　　答
1	私は明るい
2	私はよく笑う。
3	私はスポーツが好き。
4	私は元気だ。
5	私は負けず嫌い。
6	私はバレーボールが得意。
7	私は背が低い。
8	私は我慢強い。
9	私はおおらかだ。
10	私は寛容。
11	私は料理が好き。
12	私は手芸好き。
13	私は時々泣く。
14	私は休めない質だ。
15	私は時々休みたい。
16	私は日本語が苦手。
17	私はボディーランゲージが多い。
18	私はピンクにひかれる。
19	私はもっと背が高くなりたい。
20	私はもっと適当に生きたい。

くなり「泣きたい」と思うのだろう。ただ，項目16，17で「私は日本語が苦手だ。」，「私はボディーランゲージが多い。」と記していることからは，Iは自分の気持ちをあらわすことが苦手であり，「泣きたい」気持ちになったときにも他者にうまく助けを求めることができないとも理解できる。項目19，20では「私はもっと背が高くなりたい。」，「私はもっと適当に生きたい。」と書いているが，Iは身体的な成長を望んでいる一方で，人間として成長したい思いももっているのではないだろうか。しかし，努力し続けるのは苦しいために，適当に生きて息抜きしたい気持ちもあると考えられる。以上から，Iは基本的には適

第 5 章　愛着からみえてくる関係性のテーマ

表 15　I による親イメージについての 20 答法の回答

項目番号	回　　答
1	私の親は厳しい。
2	私の親は正しい。
3	私の親はやさしい。
4	私の親は子ども思い。
5	私の親は抑圧的。
6	私の親は結局いつも正しいことを言う。
7	私の親はおせっかい。
8	私の親は自由にさせるところもある。
9	私の親はバランスがとれている。
10	私の親は理想でもある。
11	私の親は頼れる。
12	私の親は何でも知っている。
13	私の親はいつも助けてくれる。
14	私の親は親孝行する。
15	私の親は我慢強い。
16	私の親はポリシーをもっている。
17	私の親は私にはとても厳しい。
18	私の親は私のことをよく考えてくれる。
19	私の親は野菜をくれる。
20	私の親はいつも手伝ってくれる。

応的に生きており，その点はこれまで指摘してきた安定型の特徴とも一致する。ただ，I はそうした生き方を窮屈に感じ，苦しくなってしまうこともあるが，それを周りにうまく表現することができないでいるのだろう。

　親イメージについての 20 答法の項目 1，2，6，17 で I は，親は厳しく，正しいということを繰り返し述べている。項目 3，11 では親は優しく，頼れる存在であり，項目 4，13，18，20 では自分のことを思いやってくれ，助けてくれる存在でもあることを記している。項目 7，8，9，10 では親はおせっかいでありながらも自由にもさせてくれ，

121

理想であるとも言っている。Iの記述からは，Iの親は非の打ちどころのないようにも受けとれるが，項目4の「私の親は抑圧的。」だけが他の項目とは趣が異なっている。この記述だけからは，Iの親自身が思いや情緒を抑圧する傾向にあるのか，Iに対して抑圧的な態度をとることを意味しているのかは明確ではない。もし前者の場合，Iにとって親は「親」の役割を果たすという意味では理想的ではあるが，親という人間が実際にどのようなことを考え，感じているかはわかりにくいと言える。もし後者の場合，Iが明るく振る舞っているときにはよいかもしれないが，Iが「泣きたい」気持ちになったときに，Iは親に泣きつくのは難しいであろう。いずれにせよ，Iが社会に適応する力があるからこそ，これまで取り組んできたやり方では立ちいかなくなったときにも，親のことを心から頼れるかという点がIの親子関係において大切なテーマになるのではないだろうか。

　Iの事例検討から，安定型との心理療法は，これまで指摘してきたように基本的には順調に展開していきやすいが，行き詰まりを迎えたときにこそクライエント—セラピスト関係が大切になってくると言える。クライエントがこれまで行ってきたやり方ではどうにもならなくなった際に，そのときの気持ちやどうしてそうなったかについて探索できる関係をセラピストと築けるかが，心理療法をさらに意義深いものとするための鍵になるだろう。

 交流の心地よさ ── 軽視型

　これまで軽視型の自己イメージおよび親イメージに共通する特徴として，否定的な面があまり表現されないこと，具体性に乏しいことが

第 5 章　愛着からみえてくる関係性のテーマ

表16　Jによる自己イメージについての20答法の回答

項目番号	回　　答
1	私は我慢強い。
2	私はコツコツ努力できる人間だ。
3	私はきれい好きだ。
4	私は正義感がある。
5	私はモラルやマナーを気にする。
6	私は自分の感情をさらすのが好きではない。
7	私は友人たちと大騒ぎできない。
8	私は一人の方が気楽なときもある。
9	私は数は少ないが親友がいる。
10	私は負けず嫌いだ。

表17　Jによる親イメージについての20答法の回答

項目番号	回　　答
1	私の親はおせっかいである。
2	私の親は自分の意見を曲げない。
3	私の親は心配性である。
4	私の親は頑固である。

指摘された。軽視型の自己イメージと親イメージを比較検討するために，両方のイメージに関する20答法である程度具体的な記述がなされた軽視型のJ（18歳，男性，大学生）の回答を提示する。Jの20答法の回答を表16, 17に示した。

　軽視型のJは，自己イメージについての20答法の項目1, 2で「私は我慢強い。」,「私はコツコツ努力できる人間だ。」と書いているように，堅実に自分のペースで物事を進めていく人物であることがうかがえる。さらに，項目3～5では，「私はきれい好きだ。」,「私は正義感がある。」,「私はモラルやマナーを気にする。」と記している。「私はきれい好きだ。」という記述は，汚い部分があるとそれを掃除して

123

きれいな状態に保とうとしたり，物が散らかり混在した状況を自分な
りに整理整頓したりしたい気持ちがあることをあらわしているのかも
しれない。「私は正義感が強い。」や「私はモラルやマナーを気にす
る。」という回答からは，Jは，自分や周りの行為が道理にかなって
いるかどうかを懸念しやすく，もしそこから外れていれば許せない気
持ちになるのだろう。このように，Jは自分の考えをもっている芯の
強い人物と考えられるが，そこにはある種のかたさも感じられる。

　自己イメージにおける項目6で「私は自分の感情をさらすのが好き
ではない。」と述べており，Jは自分の情緒を表出することを好んで
いないようである。またJは項目7で「私は友人たちと大騒ぎできな
い。」と述べている。友人たちと大騒ぎをすることは，大きな楽しみ
となる可能性を秘めていながらも，混乱や不穏な状況を引き起こしか
ねないが，Jはそのような予測不能な事態に不安を覚えるために，友
人たちと大騒ぎすることを避け，項目8のように「私は一人の方が気
楽なときもある。」と感じるとも理解できる。軽視型は情緒や対人関
係を重要視していないことが指摘されている（Slade, 1999）が，Jにも
同様の傾向があるだろう。Jは情緒や対人関係といった自分にとって
未知のことを含むものは，自分を脅かすことにもつながるため，回避
的になっていることがうかがえる。ただし，Jは他者との関わりを一
様に拒絶しているわけではなく，項目9で「私は数は少ないが親友が
いる。」と書いているように，自分の思いを共有できる親友はおり，
その存在を大切に思っているようである。項目10で「私は負けず嫌
いだ。」とも記述しており，Jは周りと切磋琢磨することもいとわな
いのだろう。

　Jは，親イメージについての20答法の項目1, 3で「私の親はおせっ
かいである。」，「私の親は心配性である。」と記述しており，親を必要

以上に関わってくる存在として認識しているらしい。さらに，項目 2,
4 で「親は自分の意見を曲げない。」，「私の親は頑固である。」と書い
ている通り，親はかたくなな意見を押しつけてくるとＪは感じている
ようである。親がそうしたかたさをもっていることは，Ｊのあり方と
も共通している。しかし，Ｊが求めている関わりは，おそらくは親友
がそうであるように，Ｊの考えを受け入れたうえで，感情的にならず
に落ち着いて話し合いをするというものであろう。Ｊにとって親の意
見や考えは異物と感じられているために，Ｊは親の意向をはねつけた
い気持ちに駆られるのではないだろうか。

　親イメージについての 20 答法における回答では，直接Ｊ自身をあ
らわす語はみられなかったが，おそらくすべての記述がＪとの関わり
のことをあらわしていると理解できる。しかし，そこで強調されてい
るのは，他のパターンとは異なり，親との良好な関係というよりも，
むしろ親との交わりにくさ，あるいは交わったときの侵入される感覚
である。したがって，Ｊのもつ自己イメージおよび親イメージはとも
に柔軟性に乏しく，Ｊは自身と親が心地よく交流することは難しいと
考えていることがわかる。

　Ｊの事例検討から，軽視型は他者との交流を好意的には捉えにくい
ことが推察されたため，彼らとの心理療法においては，クライエント
がセラピストとの関係を穏やかで心地よいものとして実感することが
特に望まれる。しかしそれは容易ではなく，セラピストの関わりがク
ライエントには自分の領域を脅かすものとして体験される可能性も認
識しておくことが大切になる。

③ 密着した関係からの分離 —— とらわれ型 [1]

　とらわれ型がもつ自己イメージと親イメージを明確に対比するために，親イメージについての20答法の回答だけではなく，自己イメージについての回答においても親に関する記述のあったとらわれ型のK（19歳，女性，大学生）の事例を提示する。Kの20答法の回答を表18，19に示した。

　とらわれ型のKは自己イメージについての20答法の項目1，2で「私は自分が嫌い。」，「私は性格が悪い。」，項目5，6で「私は行動力がない。」，「私は自制心が弱い。」と記述しており，とらわれ型の特徴としてこれまで指摘された自らへの否定的な感覚をKも抱いていることがうかがえる。また項目2で「自他共に認める」と書かれているように，おそれ型とは異なり，周りからみた姿とKの捉え方は一致していることがわかる。それに対して，親イメージについての20答法の回答では項目1，2で「私の親は優しい。」，「私の親は仲が良い。」と書かれているなど，Kは親を基本的には肯定的に捉えているようである。ただ，項目5，8で「私の親は母は自己否定がわりとある。」や「私の親は時々無計画。」とあるように，これまでとらわれ型の特徴として指摘された否定的な親イメージとも合致する回答もみられている。

　先に取り上げた「私の親は母は自己否定がわりとある。」から，K

---

[1]　本章において，とらわれ型のみ，調査協力者の自己イメージおよび親イメージについてそれぞれ別に論じた後にそれらを比較検討するのではなく，両イメージを比べながら各イメージの特徴を論じる形式をとることにした。その理由は，親との密着した関係を求めるとらわれ型の特徴をうまく記述するには，この形式が適切と判断したためである。

第5章　愛着からみえてくる関係性のテーマ

表18　Kによる自己イメージについての20答法の回答

項目番号	回　　答
1	私は自分が嫌い。
2	私は性格が悪い（自他共に認めるw）。
3	私は一人のが楽だと思うけどさみしい。
4	私はお母さん大好きなマザコン。
5	私は行動力がない。
6	私は自制心が弱い。
7	私は熱しやすく冷めやすい。

表19　Kによる親イメージについての20答法の回答

項目番号	回　　答
1	私の親は優しい。
2	私の親は仲が良い。
3	私の親は父は考え方が古い。
4	私の親は父は頭が良い。
5	私の親は母は自己否定がわりとある。
6	私の親はすごく良い人。
7	私の親はのんびり。
8	私の親は時々無計画。
9	私の親は新しいもの好き。
10	私の親はくだらない話を聞いてくれる。
11	私の親は世界一とは言えないけど私は幸せ。

は自分を否定的に捉えているという点に母親との共通性を見いだしている。さらに，自己イメージについての20答法の項目7「私は熱しやすく冷めやすい。」，親イメージについての20答法にの項目8「私の親は時々無計画。」の記述からは，Kと親は，未来を見据えているというよりは今を大切に生きており，この点からもKは親と似ているところがあると感じているようである。Kは親と自分に通じるところを意識しているのだろう。

自己イメージについての 20 答法の項目 3，4 で「私は一人のが楽だと思うけどさみしい。」，「私はお母さん大好きなマザコン。」と記述していることからは，K は母親と密着しており，自らの寂しさを母親と一体的な関係を築くことで埋めているとも推察される。親イメージについての 20 答法の項目 3 で「私の親は父は考え方が古い。」と書いているように，K は父とはやや距離があるのかもしれないが，それでも，以降の親イメージに関する項目では「父」と「母」を区別して記述しなくなり，基本的には肯定的な内容が書かれていったことからは，K は父親を含めて両親を非常に重要な存在として位置づけていることがうかがえる。

　K は自己イメージについての 20 答法の項目 1，2 で自己否定的な記述をしていながら，親イメージについての 20 答法の項目 11 では「私の親は世界一とは言えないけど私は幸せ。」と記しており，親を通して自分をみると幸せな存在と思えるが，自らを個として捉えると否定的に意識されるのだろう。だからこそ，K が親との一体的な関係から分離することには難しさがあるとも言える。親との関係から離れ，個の存在としていかに生きていくかが K のテーマであろう。

　K の内的表象において，同じとらわれ型の G の検討でも指摘された親とのむすびつきの強さがより顕著に認められた。とらわれ型は，重要な他者との密な関係を強調することで，自らが個として存在することのよるべなさを覆い隠しているところがあるのでないだろうか。裏を返せば，彼らにとって他者との一体的な関係から分離することは，自己の存在の基盤を強烈に揺さぶられる体験となりうることを意味している。したがって，とらわれ型との心理療法においては，ただ単に彼らが重要な他者との密着した関係から自立していくことを促すのでなく，それによって彼らが自己価値の低さを強く意識し，苦しい体験を強

第 5 章　愛着からみえてくる関係性のテーマ

いられる可能性についても十分に留意することが大切になってくる。

 ありのままを認めてもらうこと ── おそれ型

　おそれ型の自己イメージと親イメージを比較検討するため，両方の 20 答法で多くの記述がなされ，かつ親イメージについての 20 答法で親子関係に関して詳しく書かれていたおそれ型の L（18 歳，女性，大学生）の回答を提示する。L の 20 答法の回答を表 20，21 に示した。
　おそれ型の L は自己イメージについての 20 答法の項目 1 で，「私は変人らしい…。」と述べており，周りから「変人」と言われているが，それに対して若干不満を抱いているようである。しかし，L は，項目 18 に「私は言いたいことが言えない。」と書いているように，不満をそのまま相手にぶつけることはあまりしないらしい。さらに項目 13 の「私は素直じゃない。」からも，L の実際の思いと外に表現されることには差異があることが推察される。L は項目 2，4，5，14，19 で抽象的な未来への願望を述べているが，項目 3 で「私はどこへ向かっているんだろう。」や項目 7 で「私は夢見がちだ。」と書いているなど，抽象的な理想に終始するというよりも，現実的に立ちどまって振り返ることもしており，L は内省する力をもっているとも言える。項目 6，9，10，11 からわかるように，L は他人からどのように見られているかを不安に思い，承認欲求が強い一方で失敗をおそれてもいるのだろう。それでも，項目 8 のように「私は普通になりたくない。」という気持ちもあるようで，他者から評価を気にしながらも独自な存在でありたいという葛藤を抱いているようである。さらに項目 15 では「私は人間のどろどろした部分が嫌」と記しており，人と深い関係

129

表 20　Jによる自己イメージについての 20 答法の回答

項目番号	回　　答
1	私は変人らしい…。
2	私はやりたいことだけやりたい。
3	私はどこへ向かっているんだろう。
4	私は人に勇気を与えたい。
5	私は頑張り続けたい。
6	私は他人の目を気にしている。
7	私は夢見がちだ。
8	私は普通になりたくない。
9	私は他人に遅れをとっているのではないかと不安になりやすい。
10	私は失敗するのが怖い。
11	私は認められたい。
12	私はよくぼーっとしている。
13	私は素直じゃない。
14	私は理想を追い求めている。
15	私は人間のどろどろした部分が嫌。
16	私は過去のこだわらない。
17	私は儚いものが好き。
18	私は言いたいことが言えない。
19	私は先取りしがたる。
20	私はいつも追われている気がする。

になるとみえてくることに抵抗があると考えられる。このように，不満に思っても表出することが難しく，内省ができ，周りの目を気にして，深い関係に立ち入ることを避けるといった L のあり方は，これまで指摘されたおそれ型の特徴と一致している。

　L による親イメージについての 20 答法では，項目 11，14 の「私の親は優しい。」や「私の親はおしゃれ。」のように肯定的な回答もみられる一方で，基本的には否定的な回答が多い。項目 4，19 での「私の親は理想の女性像を押しつけてくる。」，「私の親は子どもに昔の自分を重ねてくる。」といった記述などからは，親に自分本来の姿をみ

第 5 章　愛着からみえてくる関係性のテーマ

表 21　J による親イメージについての 20 答法の回答

項目番号	回　　答
1	私の親は言うことがすぐ変わる。
2	私の親は自分のことで手一杯。
3	私の親は仲が悪い。
4	私の親は理想の女性像を押しつけてくる。
5	私の親は向上心がある。
6	私の親は夢見がちだ。
7	私の親はよく他人の受け売りをする。
8	私の親は気が短い。
9	私の親は酔うと他人に絡む。
10	私の親はめんどくさがり。
11	私の親は優しい。
12	私の親はひがみやすい。
13	私の親は過去にこだわっている。
14	私の親はおしゃれ。
15	私の親は友達いなさそう。
16	私の親は仕事が嫌い。
17	私の親は人生後悔してそう。
18	私の親は機嫌が表に出やすい。
19	私の親は子どもに昔の自分を重ねている。
20	私の親は気まずい。

てほしい，受け入れてほしいという L の強い思いが伝わってくる。また，L は項目 1 で「私の親は言うことがすぐ変わる。」，項目 7 で「私の親はよく他人の受け売りをする。」と述べており，親もまた L と同様に，周りからの評価に敏感で間違いをおそれているために，親自身の考えを明瞭に L に対して伝えることができていないのだろう。そうしたことには，項目 2 で「私の親は自分のことで手一杯。」とあるように，親に余裕がないことも関係しているのかもしれない。

　親イメージについての 20 答法の項目 5，6，12 における「私の親は向上心がある。」，「私の親は夢見がちだ。」，「私の親はひがみやすい。」

131

といった記述は，自己イメージについての20答法の項目14，7，9の「私は理想を追い求めている。」，「私は夢見がちだ。」，「私は他人に遅れをとっているのではないかと不安になりやすい。」の記述と類似しており，Lは親に自分と共通点を感じとっているようである。しかし，Lにとって親は，軽視型のJのような関わると脅かされるような存在でも，とらわれ型のKのような密着した関係にある存在でもなく，自らの独自性を確かめるための比較対象として捉えられている。Lは親イメージについての20答法の項目13で「私の親は過去にこだわっている。」と記している一方で，自己イメージについての20答法の項目16では「私は過去にこだわらない。」と述べ，親と自分の差異を強調している。親イメージについての20答法の項目18で書いているように「私の親は機嫌が表に出やすい。」のに対して，自己イメージについての20答法の項目18では「私は言いたいこと言えない。」と記している。このことは，Lは素直に気持ちをあらわせる親にうらやましい思いを抱きつつも，親イメージについての20答法の項目9における「私の親は酔うと他人に絡む。」のように，その場の勢いに任せる傾向のある親に疑問を感じているところもあるのではないだろうか。さらに親イメージについての20答法の項目16，17にあるように「私の親は仕事が嫌い。」で「私の親は人生後悔してそう。」と感じるからこそ，自己イメージについての20答法の項目19，20で「私は先取りしたがる。」，「私はいつも追われている気がする。」と記述しているようにLは自分の将来について不安に思い，そのためにできることを必死に取り組んでいることがわかる。

　Lは確固たる自己像をもてていないため，容易に周囲の評価によって揺らがされてしまうのだろう。だからこそ，Lは親という他者を通して，自らの存在を確認しようとしているのではないだろうか。しか

し，親もまた周りに影響されやすいため，両者は共振してしまうところに難しさがある。Lは，20答法の回答をみる限り，十分に自分の考えや意志をもっているため，親子関係のなかで，ありのままの姿を認めてもらう体験をすることが大切になるだろう。

　Lの事例検討から，おそれ型との心理療法においては，クライエント自身が本来の姿を出せるようになることが何より重要になってくる。そのためにセラピストは，彼らが表出していないながらも，実際には抱いている気持ちに目を向け続ける必要があるだろう。さらに，彼らはセラピストにどのように思われているかを非常に気にしていることにも留意しなければならない。

⑤　愛着パターンから内的表象へ ── 心理療法との関連

　ここで，本書でこれまで行ってきた議論を総括したい。

　第1章で述べたように，愛着理論は外的現実を主な探究対象としており，心的事実を扱っていないとして精神分析から厳しい批判を受けてきた。本書では，「reality」と「actuality」の概念を導入し，愛着理論が探究している事柄を捉え直した。近年では，内的作業モデルや成人の愛着パターンに関する研究が盛んに行われるようになるなど，愛着理論は実際の行動に加え心理的次元を研究対象とするようになっており，「当人が実在する外界と関わるなかでその場を意味づけし，迫真性をもって感じること」を意味する体験を検討するように変化していることを示した。これにより，愛着理論は，外的現実にばかり関心を向けているとの批判を乗り越え，心理療法における間主観的なクライエント－セラピスト関係を明らかにするための有力な基盤の一つに

なったと言えよう。

　繰り返しになるが，内的作業モデルとは，「愛着に関する情報への注意や，愛着に関する記憶，感情，行動の体制化をすすめる，大概は無意識的に働く心的ルールとしての役割を果たし，個人の対人関係のあり方に一貫性と安定性をもたらすもの」（坂上, 2005）であり，愛着パターンは，各人の内的作業モデルによって規定されている（Shaver & Mikulincer, 2004）。つまり，愛着パターンは個人の体験を扱ってはいるものの，主には，当人が物事を認識し，処理する枠組みであるスキーマの一種として捉えられてきた。しかし，本書の第2章において，愛着理論の視座からクライエントによる体験の「内側」をまなざしていくことの意義を論じ，第3章から第5章では，愛着パターンと自己や親に関する表象の内容が密接に関連していることを示した。その意味で，愛着理論は，心理過程の体制化をつかさどるスキーマとしての愛着パターンだけでなく，その心理過程が各人にどのように実感されているかということも含みこんだ内的表象をも探究していくことが可能であると言えるのではないだろうか。愛着理論の探究対象は，愛着パターンから内的表象へとさらに変化していく可能性がある。

　愛着理論が体験の中身を検討するようになることで，当人が周りの世界を「どのように取り扱うか」のみならず，外界との関わりあいによって「何を感じるか」が重視されるようになる。さらに，当人が実際に感じている思考や情緒は，一定のルールにしたがって着実に進んでいくプロセスなどではなく，何度も行きつ戻りつし，ときには混乱したり，一見無駄とも思えるところにも立ち入ったりしながら，少しずつ明確になっていくものである。こうした道程に身を投じ，自己理解を深めていくことは，まさに心理療法のなかでクライエントが取り組んでいることそのものでもある。そのような方向で愛着理論が発展

第5章　愛着からみえてくる関係性のテーマ

していくとすれば，愛着理論は心理療法の営みにさらに接近し，両者の接点は拡大していくと言えよう。

　第3章から第5章は，一般の大学生・大学院生を対象とした質問紙調査をもとにしているため，そこで得られた知見をそのまま実際の心理療法におけるクライエントの主観的な体験に適用するには慎重になる必要がある。しかし，先述のように，愛着理論と心理療法は相互に強く関わりあうように変化しつつあると理解できるため，こうした調査研究からでも示唆を得ることができる面もあるだろう。そこで第3章から第5章の検討にもとづいて，各愛着パターンをもつクライエントが有する内的表象の特徴および，その表象にもとづいて彼らは心理療法という場をどのように捉え，そこでどのようなことを体験しうるかについてやや踏み込んで総合的に考察したい。

　安定型は，テキストマイニングによる分析によると，社会的で肯定的な自己イメージを抱いており，親の社会的側面や本人との良好な関係を中心として親イメージを形成していた。また，個別事例の検討において，安定型は，質問紙の回答当初は戸惑いを覚えたためか，客観性の高い事柄を記述していたが，次第に自己イメージや親イメージの表現を深めていった。さらに，安定型は，親を基本的には自分を見守りながら，いざというときには頼りになる存在として理解していた。同一の調査協力者による自己イメージおよび親イメージの検討からは，安定型がこれまで適応的に生きてきたやり方では立ち行かなくなったときに親をはじめとした重要な他者にいかに助けを求められるかが重要と考えられた。よって，安定型は，親との関係などの重要な他者との関係を基盤におきつつ，自らが社会的に行っていることや日々の生活，対人関係に関する表象を中心的に抱いていることがわかる。安定型の社会生活を支えている重要な他者との関係は，普段強く

135

は意識されておらず，あくまで背景に存在しているようである。さらに，安定型の表象は，社会的なことであれ重要な他者との関係であれ，基本的に肯定的に捉えられていることも特徴的である。安定型は，他者からサポートを受けている感覚を強くもっていることが指摘されている（Mikulincer & Shaver, 2007）ように，何か悩みや困ったことが生じても，自らが築いている関係のなかである程度対処することができるのだろう。ただ，重要な他者の喪失などのような大きな出来事があり，自ら対処しきれなくなった際には，心理療法に訪れる可能性もある。心理療法の初期には，安定型クライエントは自分の性格や家族関係のことというよりも，社会でどのように生きているかを中心に話すだろうが，その背景には心理療法においてどのようなことを話せばよいのかわからないという戸惑いを抱いている可能性がある。それでも次第に，安定型クライエントは，自身の内面にふれていきながら，自己理解を深めていくであろう。彼らはセラピストに肯定的な感覚を抱きやすいが，セラピストを特別な関係として意識するというよりも，あくまでも社会資源の一つを活用している体験になりやすい。心理療法においても行き詰まりに至ったときに，セラピストとそのときの気持ちやどうしてそうなったかについていかに探索することができるかが心理療法をさらに意義深いものとするための鍵となりえる。

　軽視型は，テキストマイニングによる分析では，防衛的で肯定的な自己イメージを抱いており，親にも肯定的なイメージをもっていた。ただ，親イメージに関しては，彼らは，自分との関係から親を捉える傾向がありながらも，親と距離をおきたいとも同時に考えているようであった。個別の事例検討によると，軽視型は，やや誇大的な理想像を示しながらも，実際にはそのように生きられない苦しみを抱いていた。回答の後半には現実的な感覚にふれたが，それは軽視型にとって

相当な苦痛の体験でもあった。さらに，親の否定的な面を認識しては
いるものの，あまりみないようにすることで対処しており，肯定的な
面を強く意識していた。同一調査協力者による自己イメージおよび親
イメージの検討から，軽視型は自分と親の両方がそれぞれ大切にして
いる領域を守りたい意識が強いため，親との交わりにくさ，あるいは
交わったときには侵入される感覚も抱いていることが示された。以上
から，軽視型は，自らや重要な他者に対して肯定的な表象をもってい
るが，それには否定的情緒にふれないでいるという意味も少なくない
と考えられる。さらに，軽視型にとって，否定的な情緒にふれること
はそれだけ痛みを伴う体験にもなりえる。これらから，軽視型クライ
エントは，心理療法において，否定的情緒の表出はあまりしない（工藤,
2004；Slade, 1999）ものの，心理療法に訪れること自体が，彼らの肯
定感が崩れたことを意味している可能性があり，心理療法に来談する
ことだけでも軽視型には大きな苦痛として体験されているとも理解で
きる。また，軽視型クライエントはセラピストを重要な他者とは意識
しづらく，セラピストの関わりを自分の領域を脅かすものとして体験
する可能性も十分ある。

　とらわれ型は，テキストマイニングによる分析では，自らへの否定
的な感覚やアンビバレントな人との関係を自己イメージにむすびつけ
やすく，親に対しては，自分と良好な関係であることを強く意識しつ
つも，否定的な情緒もあわせて抱いていた。さらに，個別事例の検討
によると，とらわれ型は，最初から最後の項目まで一貫して不安や苦
悩を強く表明していた。また，とらわれ型にとって親は唯一無二の存
在でありながらも矛盾を抱えたよくわからない存在でもあると考えら
れた。さらに，そのような親と心理的に一体となっており，分離した
いと思っていながらも実際には難しいようであった。同一の調査協力

者による自己イメージおよび親イメージの検討では，とらわれ型は重要な他者との密な関係を強調することで，自らが個として存在することのよるべなさを覆い隠している面がみられた。とらわれ型は，対人関係を中心に表象を形成しており，さらに人と深い関係を求め，肯定否定両面の情緒を感じやすいのだろう。さらに，とらわれ型にとって重要な他者は絶対的な存在であると同時に理解できない存在でもあり，重要な他者との一体的な関係から分離することが大切になる。また，とらわれ型がもつ自らについての表象は否定的であり，彼らは自分自身について思い悩むことも多いようである。心理療法においても，とらわれ型クライエントはセラピストに対して両価的な情緒を向けやすく，依存のテーマが生じる可能性が高い。セラピストを含めた他者との一体的な関係から分離することは重要であるが，分離することで自己の存在の基盤を強烈に揺さぶられることになり，苦しい体験を強いられる可能性もある。また，個別事例の検討で20答法の最初から最後までの項目で一貫して不安があらわされていたことからは，とらわれ型との心理療法の展開に難しさがあると言えるかもしれない。

　おそれ型は，テキストマイニングによる分析では，人との関係と能力を自己イメージとして強く意識しており，特に人との接触に敏感であった。親に対しては，とらわれ型と同様，彼らは自分との良好な関係を意識しつつも，否定的にも捉えているようであった。個別事例の検討からは，おそれ型は，二面性のある自己イメージをもっており，周囲からみられる姿と主観的な体験にギャップがみられた。彼らは周囲からの目を非常に気にしており，過剰適応的に他者に合わせるため，不満を抱いていたとしても内に秘めやすかった。また彼らは自分について振り返ることができ，内省する力をもっていることがうかがわれた。さらに，彼らは親の思いと実際の言動に矛盾を感じるが，それを

直接あらわさずに自分のなかに保持していた。同一の調査協力者による自己イメージおよび親イメージの検討によると，おそれ型は，親をはじめとした重要な他者にありのままの姿を認めてもらえていない感覚をもっていた。彼らは確固とした自己像をもてていないため，重要な他者を通して自身の独自性を確かめようとするが，重要な他者も周りに影響されやすいため，共振してしまうところに難しさがあった。おそれ型は，普段，周りからどのように見られているかに敏感であるため，周囲に合わせているのだろう。だからこそ，彼らは周囲といかにうまく関わるかや自分の能力を強く意識しているのである。おそれ型は，過剰適応的にふるまうことで自分の思いを抑え，周囲や親をはじめとした重要な他者にもあまり自己主張しない傾向にある。心理療法においても，おそれ型クライエントは，セラピストにどのようにみられているか，評価されているかを気にしており，セラピストに合わせることが想定される。セラピストとしては，一見よい関係になっているように思っても，彼らが内心では不満をもっている可能性に留意することが大切である。彼らにとってはセラピストにありのままの姿を認めてもらえたと体験することが何より重要であり，セラピストが一貫した態度で丁寧に関わると，彼らは安心して内省し，自己理解を深めていくことができるだろう。

第6章

セラピストに何が投影されるか
映像観察調査による予備的検討

第4章および第5章において，各愛着パターンをもつクライエントがセラピストにどのような情緒を抱きやすいかについても考察した。本章では，もう少しこの問題を深め，各愛着パターンをもつクライエントが心理療法においてセラピストのどのようなところに注目し，どのような印象を抱きやすいか，つまり，セラピストに何を投影しやすいかという問いを探究するために実施した映像観察調査について述べる。

　さらに本章では，各愛着パターンをもつクライエントが特にセラピストの非言語コミュニケーションをどのように感じとるかに着目したい。愛着パターンは幼少期からの養育者との非言語的コミュニケーションをもとに形成されると考えられていること（Wallin, 2007）に加え，間主観性を重視する力動的心理療法においては，クライエントはセラピストの存在を非言語的に感じとっており，それがクライエントの治療的変化の基盤になるとされる（BCPSG, 2010）。このように，クライエントの愛着パターンとクライエントがセラピストを非言語的にどのように感じとるかという問題は密接に関連しており，この関連を検討することはクライエント自身の視点にもとづく体験を理解するうえで非常に重要であろう。

（1）調査の概要

1-1　映像を投影法的に用いるということ

　本章でのアプローチについて，実際の心理療法場面でクライエントにセラピストへの注目や印象について尋ねることはその後の心理療法

の展開に大きな影響を与えるため難しい。そこで，模擬的に実施された心理療法場面の映像観察を手法として用いる。当然ながら映像観察によって得られる注目や印象は，実際の心理療法における注目や印象と同一ではないが，映像を視聴しながら注目したことを正確に記録したり，視聴後に注目や印象について言語報告してもらえたりすることが可能であることに加え，一定のサンプルサイズを確保できるために，実証的な研究を行うことができる利点もある。本章では，各愛着パターンをもつクライエントによるセラピストへの注目の仕方や印象の抱き方について示唆を得るために映像観察調査を行うこととする。

　さらに映像観察を用いた方法の詳細な検討を行いたい。セラピストのどのようなところに注目し，どのような印象を抱くかを明らかにするには，自由度が高いなかでの意味づけが大切であり，特定のものを感受するように指示されて行われる方法は適切でない。さらに，心理療法場面におけるセラピストを「どのように捉えたか」について検討するためには，心理療法場面の映像を投影法的に活用する必要があり，そのためには観察の自由度が高いことが大切になる。そこで，映像観察調査を行う際，調査協力者に対して，注目や印象の対象となる項目を予め指定するのではなく，比較的自由に注目や印象を報告することができるような教示を行う。

1-2　映像観察者の選定

　愛着パターン尺度の信頼性と妥当性を確認し，映像観察調査の調査協力者を選出するために，まず質問紙調査を行った。

　質問紙調査協力者は大学生，大学院生 162 名（男性 59 名，女性 103 名，平均年齢 20.51 歳，$SD = 1.39$）であった。質問紙調査を実施したところ，

144

第6章　セラピストに何が投影されるか

10名に何らかの記入漏れが確認されたため，この10名を除外した152名（男性56名，女性96名）を分析対象にした。

質問紙は，フェイスシート（性別，年齢），愛着パターン尺度，映像観察調査実施のための個人情報記入用紙（任意）から構成された。また，愛着パターン尺度の項目は，順序による影響を排除するため，無作為に並び変えた。

愛着パターン尺度として，ECRの日本語版である"一般他者"を想定した愛着スタイル尺度（中尾・加藤，2004）を用いた。尺度の評定は中尾・加藤（2004）にしたがい，7件法（1＝"全く当てはまらない"から7＝"非常によく当てはまる"）を用いた。因子構造は，ECRと同様の「見捨てられ不安」と「親密性の回避」の二因子が想定されている。

得られた回答をもとに，愛着パターン尺度について因子分析を行った[1]（表22）。その結果，第一，第二因子とも，中尾・加藤（2004）と同様の項目になったので，それぞれそのまま「見捨てられ不安」（18項目），「親密性の回避」（11項目）と命名した。各下位尺度に含まれる項目の得点の平均値をそれぞれの下位尺度得点とした[2]。

映像観察調査協力者の選定を以下の手順で行った。ECRにおいて4分類の分類方法は未だ定まっていないため（中尾・加藤，2003），まず便宜上，先述の質問紙調査の分析対象となった質問紙調査協力者152名を二つの下位尺度得点の平均値からの高低をもとに，各愛着パターンに分類したところ，安定型が27名（男性16名，女性21名），軽

---

[1]　愛着パターン尺度は因子間の相関が想定されていない（中尾・加藤，2004）ため，主因子法，バリマックス回転による因子分析を行ったところ，固有値が7.18，4.74，1.89となり，二因子が妥当と判断した。そして，因子負荷量が.35以下の項目を一つ削除し，愛着パターン尺度は全29項目となった。

[2]　下位尺度得点の平均値は「見捨てられ不安」では3.50（$SD=1.00$），「親密性の回避」では3.80（$SD=1.06$）であった。各因子において信頼性係数（$α$係数）を算出したところ，見捨てられ不安は.91，親密性の回避は.85という十分に高い値が得られた。

表 22　ECR 日本語版因子分析結果（主因子法，バリマックス回転）

項目	因子1	因子2	共通性
因子1：見捨てられ不安			
私は，見捨てられるのではないかと心配だ。	.77	.23	.52
私は一人ぼっちになってしまうのではないかと心配する。	.71	.14	.46
私は，私がいてほしいと望むくらいに人がそばにいてくれないと，イライラしてしまう。	.69	-.09	.49
私は，（知り合いに）見捨てられるのではないかと心配になることはほとんどない。（R）	.68	.12	.40
私は，知り合いを失うのではないかとけっこう心配している。	.68	.17	.46
私は，いろいろな人との関係について，非常に心配している。	.67	.13	.65
私が人ととても親密になりたいと強く望むがために，ときどき人はうんざりして私から離れていってしまう。	.64	.06	.42
私が人のことを大切に思うほどには，人が私のことを大切に思ってはいないのではないかと私は心配する。	.63	.06	.40
私は，人が必要なときにいつでも私のためにいてくれないとイライラする。	.63	-.07	.28
私には，人が私に対して好意的であるということを何度も何度も言ってくれることが必要だ。	.55	-.01	.30
私は人に自分のことを好きになってもらうことができなかったら，私はきっと気が動転して，悲しくなったり，腹が立ったりする。	.54	-.07	.48
私は誰かと付き合っていないと，なんとなく不安で不安定な気持ちになる。	.54	-.08	.30
私があまりにも気持ちの上で完全に一つになることを求めるがために，ときどき人はうんざりして私から離れていってしまう。	.53	-.05	.29
心の奥底で何を感じているかを人にみせるのはどちらかというと好きではない。	.52	-.15	.29
人にダメだなあと言われると，自分は本当にダメだなあと感じる。	.51	-.02	.19
私が親密になりたいと望むほどには，人は私と親密になりたいと思っていないと私は思う。	.51	.15	.18
私はいつも，人が私に対していだいていてくれる気持ちが，私が人に対していだいている気持ちと同じくらい強ければいいのになると思う。	.41	-.15	.27
私は，人にもっと自分の感情や自分たちの関係に真剣であることを示させようとしているのを感じることがときどきある。	.41	-.10	.29
因子2：親密性の回避			
私は人に心を開くのに抵抗を感じる。	.18	.70	.39
私は人とあまり親密にならないようにしている。	.09	.65	.36
私はたいてい，人と自分の問題や心配ごとを話し合う。（R）	-.19	.64	.45
心の奥底で何を感じているかを人にみせるのはどちらかというと好きではない。	-.10	.63	.20
私は，人になんでも話す。（R）	-.03	.63	.28
私は，心の奥底にある考えや気持ちを人に話すことに抵抗がない。（R）	-.03	.60	.53
私は人とあまりに親密になることがどちらかというと好きではない。	.05	.58	.40
私は比較的容易に人と親密になれると思う。（R）	.07	.54	.34
私は，人になぐさめやアドバイス，助けを求めることに抵抗がない。（R）	.03	.53	.43
私は，人に頼ることに抵抗がない。（R）	.05	.45	.20
私は，人と親密になることがとてもここちよい。（R）	-.10	.44	.30
R）は逆転項目　　　　　　　　　　　　　　因子寄与	6.53	4.52	11.05
累積寄与率	22.53	36.41	

146

視型 35 名（男性 12 名，女性 23 名），とらわれ型 38 名（男性 12 名，女性 26 名），おそれ型 42 名（男性 16 名，女性 26 名）となった。各パターンのなかで無作為に映像観察調査協力者を選定すると本来的には当該のパターンに属さない者も選定してしまうおそれがあるため，映像観察調査参加への同意があり，かつ心理学専攻者以外の者のうち，各下位尺度得点を参考に各パターンの特徴がより顕著な者から映像観察調査協力を依頼したところ，各パターン 10 名（男性 5 名，女性 5 名），計40 名（平均年齢 21.3 歳）が映像観察調査協力者となった[3]。心理学専攻者を除外したのは，専門家としての態度や技量についてなど，セラピストの視点に立って映像内のセラピストをみることを防ぐためであった[4]。

1-3　心理療法映像の自由な観察

　映像観察調査はすべて筆者が 2011 年 9 月〜 10 月に実施した。調査場所として，大学構内の物音の少ない静かな部屋を使用した。用具として，心理療法場面映像刺激，パーソナルコンピュータ，調査協力同意書，メモ用紙，IC レコーダー，筆記用具を使用した。

　心理療法場面映像刺激として，"マルチメディアで学ぶ臨床心理面

---

3)　具体的には，2 つの下位尺度の尺度得点を各パターンの特徴に合わせて，それぞれ昇順もしくは降順に並べ（例えば，安定型は 2 つの下位尺度ともに昇順で並べ，とらわれ型は見捨てられ不安を降順，親密性の回避を昇順に並べた），その合計順位が少ない者から映像観察調査への協力を依頼した。

4)　心理学専攻者以外においても「自分が話を聴く側だったら…」というように，セラピスト視点に立ってセラピストへの注目や印象を報告する者はいると考えられる。しかし，その場合は心理学的観点からみたものではないため，「自分が話を聴いてもらう側だったら…と思うだろうから，自分が話を聴く側だったら…」という力動が働いており，本質的にはクライエント視点に立っていると考えられたため，心理学専攻者を除いて調査協力者を選定した。

接"（誠信書房）（古田ら，2003）の付属 CD-ROM に収録されている，ロールプレイによる初回面接の映像を使用した。映像観察調査協力者の負担を考慮に入れ，映像の前半部分（約 35 分間）を映像刺激として用いた。また，映像はパーソナルコンピュータの液晶モニターに呈示され，モニターには映像と別に経過時間が表示された。

　本映像におけるセラピスト[5]は，諸学派の理論の統合的なアプローチをとる心理相談室の男性ベテランスタッフであった。

　本映像におけるクライエントは，会社員の 32 歳独身男性であった。彼は，ある程度現実を適切に捉える力を有している一方で自己愛パーソナリティをもつ人物であった。自己愛的な尊大さがあまり表に出ないように，強迫的な防衛を使用していた。主な相談内容は，心配事があって眠れないのに加えて，身体が疲れやすくてどうにもやる気が起きずに会社を休みがちというものであり，症状は不眠，胃痛，軽い抑うつであった。

　映像観察調査の手続きとしては，まず映像観察調査協力者に対し，調査の概要，調査参加は自由意志によること，個人情報の保護について説明し，書面にて調査協力の同意を得た。その後，「今からカウンセリングの初回面接の映像を途中まで，35 分程度見ていただきます。その際，気になったこと，印象に残ったこと，抱いた気持ちや考えたことがあればなんでもよいので，映像を自由に止めながらメモ用紙に記入してください」と教示を行った。そして，調査で用いない映像の後半部分を見せながら，映像の止め方，メモ用紙についての説明を行った。注目したことがあった場合，メモ用紙に，映像開始からの「時間」，注目した「対象」，対象のどこに注目したかという「項目」，感じたこ

---

5)　セラピストと下記のクライエントに関する記述は，『マルチメディアで学ぶ臨床心理面接』（誠信書房）（古田，2003）から抜粋した。

とや詳しい「内容」を，該当する欄にそれぞれに記入することを求めた。映像視聴後，セラピストへの注目や印象についての半構造化面接[6] を行った。本調査では，調査協力者に対して，メモ用紙に書かれた事柄について時継列に沿って詳細に尋ねた後，映像のセラピストへの印象に関する質問を行った[7]。質問内容は「映像全体をふまえて，セラピストの言動について，気になったこと，印象に残ったこと」，「セラピストはどのような人だと思うか」であった。なお，すべての調査は個別に実施され，面接内容は調査協力者の許可を得て後日に逐語化された。なお，倫理的配慮として，大学教員に所属機関の研究ガイドラインにしたがって倫理的事項に関するチェックを受けた。

② セラピストのどこに注目しやすいか

半構造化面接における結果をもとに分析した。具体的には，半構造化面接におけるメモ用紙に書かれた事柄への詳細な説明やコメントに加え，注目していたがメモ用紙に記入していなかった場合も想定し，その後の映像内のセラピストへの印象に関する質問に対する回答もあわせて分析対象とした。例えば，メモ用紙に記入がなく，メモ用紙に書かれた事柄に関する半構造化面接でも言及がなかったが，セラピストの印象に関する半構造化面接において，「けっこうどすっと足組んでて気になった。」という報告があった場合には，それに関しても1

---

6) 半構造化面接とは，質問や面接の流れを予め設定しつつも，調査協力者の反応により，ある程度柔軟に面接の枠組みを変更していく方法のことをいう。
7) 半構造化面接においては他にも質問を行ったが，本分析には用いなかったため，ここでは割愛した。

回の注目としてカウントした。さらに，このように数えられた注目を，
「セラピストの表情」，「セラピストの動作」，「セラピストの言葉」（セ
ラピストの言葉への注目を「言葉の内容」と「リズム・トーン」にわける
もの）の観点から分析を行った。このような観点を採用した理由は，
先述のように愛着パターンとセラピストをどのように感じとるかとの
関連においては，非言語的側面が重要な観点となりえるためであった。

　注目に関する結果の分析として，特定の内容への注目数をもとに分
析することもありえるが，調査協力者の総注目数が3～71（$SD =$
11.55）と非常に多くのばらつきがあったため，注目数に関して分析を
行うと各調査協力者の総注目数が結果に影響を与えるおそれがあると
判断し，本章では注目数自体に関して分析は行わず，ある注目数が全
体の注目数に占める割合に着目することにした。

2-1　表情

　映像観察調査協力者に実施した半構造化面接の結果から，セラピス
トへの注目のうち「セラピストの表情」に関するものを抽出した。「セ
ラピストの表情」の定義は，「セラピストの顔や表情への注目」とし
た。半構造化面接で話された具体例としては，「最初に出会った時に，
いきなり笑顔満面で，どうぞっていう感じだったので，親しみやすそ
うな印象でした。」や「この時に全然笑ってなくって，顔が真顔過ぎ
て怖いなあって思いました。」というものがあった。

　映像観察調査協力者それぞれについて，セラピストへの総注目数に
占める「セラピストの表情」に注目した数の比率を算出し，それと見

第 6 章 セラピストに何が投影されるか

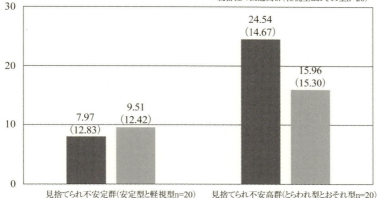

図 11 見捨てられ不安および親密性の回避高低群におけるセラピストの表情への注目に関する比率の平均値（逆正弦変換後）（図中の（　）内は標準偏差）

捨てられ不安および親密性の回避の関連について分析を行った[8]。見捨てられ不安および親密性の回避の高低群におけるセラピストの表情への注目に関する比率の平均値（逆正弦変換後）を図 11 に示した。

分析の結果[9]，見捨てられ不安が高いと，セラピストの表情に有意

---

[8] 具体的には，比率の検定を行うためにセラピストの表情に注目した数の比率に逆正弦変換を行った後，見捨てられ不安および親密性の回避の高低群を独立変数，逆正弦変換後の平均値を従属変数にして二要因の分散分析を行った。こうした分析を選択した理由は，本章におけるセラピストへの非言語的側面への注目に関する分析では，4 つの愛着パターンを一要因にして独立にみるよりも，要因を各下位尺度に分けて検討することで，結果に働く要因をより細やかにみることができると判断したためであった。

[9] 分析の結果，交互作用は有意ではなかった（$F(1,36) = 1.34$, $n.s.$）。さらに，各要因の主効果は見捨てられ不安のみが有意であり（$F(1,36) = 6.90$, $p < .05$.），見捨てられ不安高群は低群よりもセラピストの表情に注目しやすかった。

に注目しやすかった。見捨てられ不安高群のセラピストの表情への注目のなかには、「あいづちの時に、すごいわかるみたいな感じの顔をしてくれてるなって思いました。」という肯定的なものから、「メモを書きながら見ているので怖い顔になっていて、高圧的な感じがした。」という否定的なものまで存在しており、見捨てられ不安とセラピストのどのような表情に注目しやすいかということの関連は明確には言いがたかった。

　Stern, D. N. (1985) は、母親が言語獲得以前の乳児と情動状態を共有するためにとる行動を情動調律[10]と呼び、心理療法においても、セラピストがクライエントに情動調律を行うことの重要性を指摘した。表情を含めたセラピストの身体の動きは、意識的もしくは無意識的にクライエントに対して情動調律をしようという試みとしても理解できるだろう。新生児であっても人間の顔に注目し、特に母親の顔を好んで注視することが示されている（Meltzoff & Moore, 1977；Bushnell et al., 1989）ように、非言語的なやりとりのなかでも表情を通じたコミュニケーションは特に原初的なものである。さらに、見捨てられ不安は自分が愛着対象から援助を受けるに値するかどうかをあらわしていること（Bowlby, 1973）も考慮に入れると、見捨てられ不安が高いクライエントは、セラピストとの基本的なつながりが切られてしまうことをおそれるためにセラピストの表情をうかがいやすいとも考えられる。

---

10)　もう少し具体的には、情動調律は「内的状態の行動による表現形をそのまま模倣することなしに、共有された情動状態がどんな性質のものか表現する行動をとること」とされる（Stern, 1985 神庭訳 1989）。

第 6 章　セラピストに何が投影されるか

2-2　身体の動き

　映像観察調査協力者に実施した半構造化面接結果から，セラピストへの注目のうち「動作」に関するものを抽出した。「セラピストの動作」の定義は，「セラピストの姿勢，仕草といった表情を除く非言語的な身体の動きへの注目」とした。半構造化面接で話された具体例としては，「腕曲げたりとか，メガネ触ったりとか，聞く姿勢じゃない。一回気になったらとても気になった。」や「メガネを急にかけて，何か意図があるのかというか，その意図がよくわからないと思いました。」というものがあった。

　映像観察調査協力者それぞれについて，セラピストへの総注目数に占める「セラピストの動作」に注目した数の比率を算出した。そして，先ほどと同様に，その比率と見捨てられ不安および親密性の回避の関連について分析を行った[11]。見捨てられ不安および親密性の回避の高低群におけるセラピストの動作への注目に関する比率の平均値（逆正弦変換後）を図 12 に示した。

　分析の結果[12]，見捨てられ不安が低いと，セラピストの動作に有意に注目しやすかった。見捨てられ不安が低いと，相手への基本的な信頼感をもてるため，セラピストの表情だけでなく，動作にまで幅広く注目することができるのであろう。

　表情も含めたセラピストの身体の動きは，クライエントとの間主観

---

[11]　比率の検討を行うために，セラピストの動作に注目した数の比率に対して逆正弦変換を行った。その後，見捨てられ不安および親密性の回避の高低群を独立変数，逆正弦変換後の平均値を従属変数にして二要因の分散分析を行った。

[12]　分散分析の結果，交互作用は有意ではなかった（$F(1,36) = .31$, $n.s.$）。さらに，各要因の主効果は見捨てられ不安のみが有意であり（$F(1,36) = 4.79$, $p < .05$），見捨てられ不安低群は高群よりもセラピストの動作に注目しやすかった。

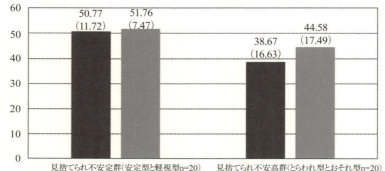

図12 見捨てられ不安および親密性の回避の高低群におけるセラピストの動作への注目に関する比率の平均値（逆正弦変換後）（図中の（ ）内は標準偏差）

的な関わりあいのなかから生まれてくる。森（2010）は，想像を絶する体験をしたクライエントとの心理療法二事例を挙げ，セラピストの身体反応が果たした役割を論じている。そこでは，クライエントが語る激烈な体験を前に，セラピストは言葉による関わりの限界を感じていたが，立ち上がれなくなる，涙するといったセラピストの身体反応を通して，セラピストの心の動きがクライエントに言葉を越えて伝わっていた（森，2010）。現象学で論じられる身体の両義性の一つに「それが私であり，かつ私ならざるものである」ということがある（大山，2009）が，自分が身体を完全にコントロールできるわけでないからこそ，森（2010）の事例のように，セラピストの身体の動きは，時として言葉以上のものをクライエントに伝えるのである。このことから，セラピストの表情および動作に関する結果は，見捨てられ不安が高いクライエントにはセラピストの表情が，見捨てられ不安が低いクライ

第6章　セラピストに何が投影されるか

表23　セラピストの動作への注目の内訳

	手の動作	目線	体勢	その他
見捨てられ不安低群（安定型と軽視型）	55.9%	16.2%	25.0%	2.9%
見捨てられ不安高群（とらわれ型とおそれ型）	59.2%	15.8%	22.4%	2.6%
親密性の回避低群（安定型ととらわれ型）	66.7%	10.3%	19.2%	3.8%
親密性の回避高群（軽視型とおそれ型）	47.0%	22.7%	28.8%	1.5%

エントにはセラピストの身体の動きが，それぞれクライエントの表現の伝え返しとして体験されやすい可能性を示しているとも言える。

　さらに，各下位尺度高群および低群において，セラピストのどのような動作を注目しているかについて詳細に検討した。セラピストの「動作」への注目を，「手の動作」（例：「鼻をかくのが気になる。」），「体勢」（例：「背もたれにばあーってもたれて，いきなり足組み始めたんで偉そうって感じました。」），「目線」（例：「意外と厳しい目つきなんだと思いました。」），「その他」（例：「体全体を使ったジェスチャーをしていた。」）に分類し，各下位尺度低群および高群におけるそれぞれの比率を表23に示した。表23によると，見捨てられ不安の高群と低群では比率があまり変わらないのに対し，親密性の回避高群（軽視型とおそれ型）は低群（安定型ととらわれ型）よりも「手の動作」への注目の比率が低く，「目線」や「体勢」への注目の比率が高いことがわかる。分散分析結果からは見捨てられ不安とセラピストの動作への注目の関連がみられたが，動作への注目の内訳について詳細に検討すると，どのような動作に注目するかに関しては，親密性の回避の次元も関わってくるようであった。したがって，クライエントがセラピストの動作に注目しやすいかどうか，さらにどのような動作に注目しやすいかについては，愛着パターンのそれぞれの次元が関連していると理解できる。

2-3 言葉のどこに目が向くか —— 内容かリズム・トーンか

　映像観察調査協力者に実施した半構造化面接結果から，セラピスト
への注目のうち「セラピストの言葉」に関するものを抽出した。その
うえで，「セラピストの言葉への注目」を「言葉の内容」と「言葉の
リズム・トーン」に分類した。「言葉の内容」の定義は，「セラピスト
の言葉への注目のうち，実際に発言された言葉の内容自体への注目」，
「言葉のリズム・トーン」の定義は，「セラピストの言葉への注目のう
ち，言葉の流れや抑揚といった非言語的側面への注目」とした。半構
造化面接で話された「言葉の内容」の具体例としては，「[クライエン
トが口にした]上司と先生の話で，[セラピストが]現在と過去をむす
びつけようとしていて，それが少し無理やりのように思いました。」
([　]内筆者による補足)，「家族構成について聞く時に，両親について
あまり聞かずに妹のことを詳しく聞いたので気になった。」というも
のがあった。「言葉のリズム・トーン」の具体例としては，「やんわり
としたしゃべり方をしていました。」，「声のトーンは，ずっと同じく
らいの低めの声で聞きやすかった。」というものがあった。

　映像観察調査協力者それぞれについて，「セラピストの言葉への注
目」に占める「言葉のリズム・トーン」に注目した数の比率を算出し
た。そこでセラピストへの言葉に注目がみられなかった安定型3名と
おそれ型1名を分析対象から除外した。その後，その比率と見捨てら
れ不安および親密性の回避の関連について分析を行った[13]。見捨てら

---

13) これまでと同様，比率の検討を行うために，セラピストの言葉のリズム・トーンに
　　注目した数の比率に対して逆正弦変換を行った。その後，見捨てられ不安および親密性
　　の回避の高低群を独立変数，逆正弦変換後の平均値を従属変数にして二要因の分散分析
　　を行った。

第6章　セラピストに何が投影されるか

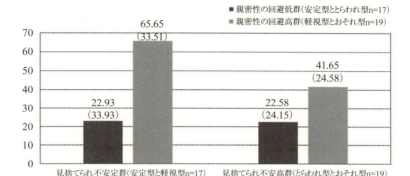

図13　見捨てられ不安および親密性の回避の高低群におけるセラピストの言葉のリズム・トーンへの注目に関する比率の平均値（逆正弦変換後）（図中の（　）内は標準偏差）

れ不安および親密性の回避の高低群におけるセラピストの言葉のリズム・トーンに関する比率の平均値（逆正弦変換後）を図13に示した。

　分析の結果[14]，親密性の回避低群はセラピストの言葉のうち，「言葉の内容」に有意に注目しやすく，高群は「言葉のリズム・トーン」に有意に注目しやすかった。本結果から，親密性の回避とセラピストの言葉への注目の仕方が関連していることが示された。Wachtel (2011)は，セラピストが発する言葉の内容が正しく，治療的可能性をもっていたとしても，適切な形で伝えられないとクライエントには異和的素材の危険な侵入と体験されるため，治療的に有用ではなくなってしまうと論じている。また，神田橋 (1990) は，セラピストの言葉の内容は，クライエントに揺さぶりを引き起こす異物の機能をもつが，言葉の非言語的側面は，クライエントを抱える機能になじみやすいと述べてい

---

14)　分散分析の結果，交互作用は有意ではなかった（$F(1,32)=1.46$, $n.s.$）。さらに，各要因の主効果は親密性の回避のみが有意であり（$F(1,32)=9.93$, $p<.01$）。

157

る。これらの指摘から，セラピストの言葉の内容は，クライエントにとって他者性をもち，良くも悪くも動揺をもたらすものであるのに対して，言葉のリズムやトーンは，クライエントを支え，受けとめる役割を果たしていることがわかる。したがって，本結果から，親密性の回避が低いクライエントは，セラピストの言葉の内容に注目することを通して新たな刺激を得ようとしている一方で，親密性の回避が高いクライエントは，セラピストの言葉のリズムやトーンに注目することでセラピストから抱えられることを求めているとも考えられる。Bowlby（1973）の愛着対象に関するモデルをもとにすると，親密性の回避が高いクライエントは，助けを求めてもセラピストを含む重要な他者は応答してくれるわけではないと感じていると言えるが，そうした彼らがセラピストの言葉の非言語的側面に注目しやすいことは，セラピストから動揺させられたくない気持ちをもっているとも捉えられる。しかし，それだけではなく，彼らは，これまでの重要な他者とは異なり，目の前のセラピストは支えてくれるかもしれないという望みを抱いており，その望みがあるかどうかをセラピストの言葉から確かめようとしていると理解することもできるのではないだろうか。

2-4　非言語的側面に注目するということ

　Jacobs（2005 吾妻訳 2008）は，「精神分析の創始以来今日に至るまで，非言語的コミュニケーションの役割は過小評価されてきた」と述べている。しかし，近年，主に間主観性を重視する精神分析の立場から，クライエントとセラピストの非言語的コミュニケーションの重要性について様々に論じられつつある（Beebe et al., 2005；BCPSG, 2010 など）。Wallin（2007）も，各愛着パターンをもつクライエントとの心理療法

第6章 セラピストに何が投影されるか

においてどのような非言語的コミュニケーションがなされやすいかについて論じているが，本章で検討してきたことは，愛着パターンとセラピストの非言語的側面への注目の関連を示すとともに，クライエントの主観的な体験にクライエントとセラピストの非言語的なコミュニケーションが重要な役割を果たしていることを愛着理論の視点から指摘するものでもある。

　間主観性に重きをおく理論家たちは，精神分析でのクライエント—セラピスト関係においては，言語が主に使われている場合でも，言語が役に立たない場合であっても，非言語的なコミュニケーションがその基盤になっていると論じている（Beebe et al., 2005）。そうした非言語的な行動をもとにしたクライエント—セラピスト間の相互交流がエナクトメントである。エナクトメントに満ちた心理療法場面のすべてを捉えることは非常に難しいが，本章でこれまで取り上げてきた結果は，Wallin (2007) とともに，各愛着パターンをもつクライエントとの心理療法において生じるエナクトメントを理解する一つの糸口になりえると言えよう。

③　セラピストにどのような印象を抱きやすいか

　ここでは，半構造化面接における映像内のセラピストへの印象に関する質問を分析対象とした。半構造化面接での映像全体を通したセラピストへの印象に関する質問に対する調査協力者全員の回答を，ポジティブ，ニュートラル，ネガティブの3つに分類した。分類は筆者と臨床心理学専攻の学部生1名がそれぞれ独立に行った。分類の信頼性を確認するために，二人の分類の κ 係数を算出したところ，.78 となり，

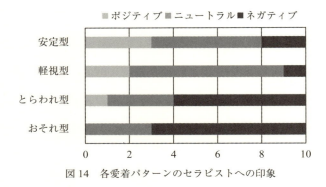

図14　各愛着パターンのセラピストへの印象

実質的に一致しているとみなされた。分類が一致しなかった項目に関しては二人で協議を行い，いずれかの分類に割り当てた。各愛着パターンの調査協力者がセラピストに対して抱いた印象を図14に示した。愛着パターンによる図14における比率の差異について分析を行った[15]。その結果，軽視型はニュートラルな印象が有意に多い反面ネガティブな印象が有意に少なく，とらわれ型とおそれ型にネガティブな印象が有意に多かった。したがって，軽視型はセラピストに悪い印象を抱きにくく，中立的な印象を抱きやすい。さらにとらわれ型とおそれ型，つまり見捨てられ不安が高い場合には，セラピストに悪い印象を抱く傾向にある。

　得られた結果から，各愛着パターンをもつクライエントがセラピストにどのような思いを抱きやすいかについて考察したい。安定型に関しては，セラピストへの印象に関する分析では有意な結果は得られなかった。第4章および第5章で考察したように，安定型はセラピストに肯定的な感覚を得やすいと思われるが，愛着パターンに関係なく，

---

15)　フィッシャーの直接法を用いて独立性の検定を行ったところ，有意な結果（$p<.05$）が得られたため，残差分析を行いどの比率に有意差がみられるかを検討した。

第6章 セラピストに何が投影されるか

全体的にポジティブな印象が報告されることが比較的少なかったために，安定型が抱くセラピストへの印象の特徴があらわれにくかったのかもしれない。

　軽視型は，セラピストに悪い印象を抱きにくく，中立的な印象を抱やすかった。このことは，これまで指摘してきた軽視型の防衛的なあり方と一致している。これまで軽視型クライエントとの心理療法において，彼らは否定的な情緒を表出しにくい一方，その様子からは否定的情緒を感じているようにもみえること（工藤，2004；Slade, 1999；Wallin, 2007）が指摘されているが，本結果からは，セラピストに対する否定的情緒については体験自体されにくいことがうかがえる。セラピストが，自らへの否定的情緒を取り上げたとしても，彼らには響かない可能性が十分ある。

　とらわれ型は，セラピストに悪い印象を抱きやすかった。これは，Bookwala & Zdaniuk（1998）や工藤（2004）が指摘しているとらわれ型の攻撃性や怒りの高さと一致している。とらわれ型がセラピストに悪い印象を抱きやすいことは，これまで指摘してきたとらわれ型がもつアンビバレントな内的表象に由来すると考えられるため，第4章や第5章でも考察したように，セラピストへの印象は今後様々に揺れ動く可能性を秘めていると理解できる。したがって，とらわれ型クライエントとセラピストへの悪い印象についてうまく話し合いができるとセラピストへの印象が好転する可能性もあるが，その後も彼らが体験しているセラピストへの不安定な情緒を慎重に見立てていくことが大切になる。

　おそれ型は，とらわれ型と同様，セラピストに悪い印象を抱きやすかった。これは，おそれ型の攻撃性の高さを示す研究（Simpson & Rholes, 2002）と一致している。しかし，おそれ型にも軽視型と同様に，

否定的情緒を抑圧する傾向があるとされ（工藤，2006；Mikulincer，1998），工藤（2004）も，セラピストからみておそれ型クライエントは，否定的情緒を表出しにくいことを報告している。これらの研究と本結果をあわせると，おそれ型クライエントは，特にセラピストへの否定的情緒に関しては，表出しなかったとしても，たしかに体験している場合も少なくないのではないだろうか。これは，これまで指摘してきたおそれ型のもつ内に秘める特徴と一致するものである。また，セラピストへの否定的情緒を体験しているかどうかについてはおそれ型は軽視型とは対照的であるとも理解できる。

　本章では，映像観察調査をもとに，各愛着パターンをもつクライエントは，セラピストに何を投影しやすいのかについて明らかにすることを試みた。これまで述べてきたように，心理療法場面は相互交流的なものであり，クライエントとセラピストの体験は，両者の言語的あるいは非言語的なやりとりのなかで絶えず変化していく。そうした二者の間で揺れ動く細やかな感覚を少しでも研究という形で把握すべく，本章においては映像観察を方法として採用した。本章で示されたことは，心理療法実践を見直す一つの観点として役立つであろうが，関係の相互性という点では，実際の心理療法場面とは距離があると言わざるをえない。関係性をどのように捉えるか，そして，それにより切りだされた関係性は，どのような性質をもったものであるのか。筆者も含め，関係性を理解したいと思う者は，こうした問いを常に意識しておく必要があるのだろう。

第7章

話を聴いてもらうときにどう感じるか
自分語りの面接調査

第7章　話を聴いてもらうときにどう感じるか

　これまで本書では，自己イメージや親イメージといった内的表象に加えて，非言語的な感覚を中心としたセラピストへの注目および印象と愛着パターンの関連を論じてきた。しかし，それらだけではなく，クライエントは心理療法において，「何を語ろうか」，「何を表現しようか」といった葛藤，あるいは「話して良かった」，「話してもやもやした」といった情緒などの内的プロセスも様々に体験していると考えられる。そこで本章では，各愛着パターンをもつクライエントがセラピストに語りを聴いてもらうときに体験する葛藤や情緒などの特に言葉によってあらわされる側面に着目して検討を行いたい。

① 調査の概要

1-1　内的プロセスへの迫り方

　本調査で用いるアプローチについて，第6章と同様，実際にクライエントから心理療法における体験を聴取すると，心理療法の展開に大きな影響を与えてしまうことになりかねない。そこで心理療法に関する示唆を得ることを目指しつつ，実際に心理療法に来談しているわけではない人々を対象とした調査研究を行う。具体的には，各愛着パターンをもつ者を調査協力者として選定し，自分について語ってもらったうえで，その体験を聴取する。この手法には，心理療法において自らについて語ることと同じではないという限界があるが，それでも相手に自らについて語り，それを相手に傾聴される体験をするという点では共通している。本調査によって得られる知見は，心理療法においてクライエントが自らについて語る際の体験プロセスを理解するための

165

手がかりになるであろう。本章では主に言葉で表現される体験プロセスを扱うため，調査協力者の語りに即した分析が可能な質的研究を行いたい。さらに，質的研究で得られた結果の背景についても考察するために各愛着パターンから一人ずつを取り上げて事例検討も行うこととする。

本章では，分析方法として質的研究法の一つである修正版グラウンデッド・セオリー・アプローチ（以下，M-GTA と略記する）（木下，2003）を採用した。M-GTA を採用した理由は，その特徴として語りに密着した分析ができる点，他のグラウンデッド・セオリー・アプローチと比べてデータの切片化を行わないためデータのコンテクストを壊すことなく分析でき，体験プロセスをより明確に描き出せる点が挙げられ，それらが本章の目的に合致しているためであった。

1-2　話を聴いてもらう体験の聴取

第 3 章から第 5 章で述べた質問紙調査の回答者で面接調査への同意があった者のうち，各愛着パターンをもつ者をランダムに調査協力者として選定し，個別の面接調査を実施した。大学生，大学院生 40名（安定型 10 名，軽視型 8 名，とらわれ型 10 名，おそれ型 12 名　各パターン男女半数ずつ　平均年齢 19.7 歳，範囲 18〜28 歳，$SD = 2.11$）が調査協力者であった。

調査はすべて筆者が 2013 年 8 月〜10 月にかけて実施した。調査場所として，大学構内の物音の少ない静かな部屋を使用した。

面接調査の実施にあたって，調査協力同意書，調査協力者が回答した自己イメージ測定のための 20 答法（第 3 章における質問紙調査で実施したもの），自由記述式の振り返り用紙，IC レコーダーを使用した。

振り返り用紙の質問項目は，半構造化面接のガイドとして活用するべく，自分について語り，それを相手に聴いてもらう体験の大枠を尋ねる質問から具体的な内容を尋ねる質問まで含んだものを設定した。具体的な質問項目は「話す体験はどのようなものだったか」，「エピソードを話してくださいと言われて，まず考えたこと」，「話しているときの気持ちとして印象に残っていること」，「何か気づきや発見があったらその内容」，「話しにくさはあったか，逆に話したいと思うことはあったか」であった。

　調査協力者に対し，調査の概要，調査参加は自由意志によること，個人情報の保護について説明し，書面にて調査協力の同意を得た。その後，30 分〜45 分程度の面接調査を実施した。自分について語る具体的方法は，AAI の主要な質問項目の一つである「両親との関係をよくあらわす形容詞や言葉を 5 つ挙げてください。その後でそれに関する記憶や経験を尋ねます。」(Hesse, 1999) を参考に，調査協力者に自分をよくあらわす特徴を 5 つ挙げてもらい，それぞれにまつわるエピソードを語ってもらうという方法を用いた。その理由は，語りをよりオープンな形で引き出せるように，かつ調査協力者が何を話せばよいか過度に悩むことがないように配慮したためであった。そして振り返り用紙の記入に続いて，相手に自分について語る体験に関する半構造化面接を行った。半構造化面接は，概ね振り返り用紙の記述に沿いながら，個人の体験プロセスに焦点を当てることを念頭に実施した。面接内容は調査協力者の許可を得て後日に逐語化された。なお，倫理的配慮として，大学教員に所属機関の研究ガイドラインにしたがって倫理的事項に関するチェックを受けた。

1-3　話を聴いてもらう体験の描出

(1)　M–GTA による分析

　M–GTA では事前に分析テーマを定める。分析テーマとは，「データに対してどのような“角度”で分析に入るか」（木下，2003）とされており，この設定によってデータに密着した分析が可能となる。ここでは，「各愛着パターンをもつ者が，相手に自分について語り，話を聴いてもらうことをどのように体験するか」を分析テーマとした。

　分析は，まず話を聴いてもらう体験プロセスの妥当性を担保するために愛着パターンを考慮に入れずに行った。なお，この段階は，分析者に調査協力者の愛着パターンがわからない状態で行われた。そのうえで，得られた体験プロセスが各愛着パターンではどのようにみられるかについて検討を行った。具体的な分析の流れは以下の通りであった。①分析テーマを意識しながら逐語化されたデータを読み込み，関連箇所を抽出した。そして，抽出した関連箇所を一つの具体例とし，他の類似例も説明できると考えられる概念を生成した。②概念を生成するにあたり，概念ごとに分析ワークシートを作り概念名，定義，ヴァリエーション，理論的メモを記入した。③データの分析を進めながら順次，概念とその分析ワークシートを作成していった。④それと並行して他の調査協力者からも具体例を探してヴァリエーションを増やしていき，ヴァリエーションが十分でない場合には，その概念は有効ではないと判断した。⑤概念の完成度は類似例だけではなく，当該の概念とは反対の意味をもつ対極例についても確認することで恣意的な解釈に陥る危険性を防いだ。⑥本分析では，17 名の分析が終わった時点で新たな概念が生成されなくなり，理論的飽和に達したと判断した。しかし，本章の目的に鑑み，各愛着パターンをもつ調査協力者を一定

数確保するため，合計40名まで調査，分析を行った。⑦こうして生成された概念について，個々の概念同士の関係を検討し，複数の概念からなるカテゴリーを生成し，表にまとめた。⑧さらに，このようにして得られた全体での分析結果が，各愛着パターンではどのようにみられるかについて検討を行った。具体的には，全体での分析で生成された概念のうち，当該の愛着パターンをもつ調査協力者で見いだされた概念のみを当該の愛着パターンにおける分析結果としてまとめ，概念間の関係を検討し結果図を作成した。なお，ここでは，当該の愛着パターンにおける概念の有無のみに着目し，概念の個数の多少は考慮に入れていない。この点は，M-GTAを援用して愛着パターンの比較を試みたことの限界である。分析結果に関する表および結果図について，妥当性を高めるために，小林・櫻田（2012）を参考にし，筆者の研究テーマをよく知る臨床心理学を専門とする大学教員1名とM-GTAの経験がある臨床心理学専攻の大学院生1名にチェックを受け，修正を行いながら全員の意見の一致を得た。

　本分析によって生成された概念の一つである「相手に自分について伝える戸惑い」の生成過程を例示したい。まず，「何を話したらいいのか，本当に，どういう系統のことをしゃべればいいのかなって。生い立ちが聞きたいのか，今の状況なのか悩みました。」という語りに注目し，当初はこの語りを「相手に自分について語る不安」と理解し，「自分について話すっていうときは，何を話したらいいんだろうっていう戸惑いというか，迷いがけっこうあった。」などの類似例も見いだした。しかし，さらなる類似例を探すなかで，「自分の話が相手に内心で馬鹿にされていないだろうかと不安な気持ちがあった。」というような「相手にどう思われるか」が強く意識されている不安や，「自分の悪いところとかを見せちゃうっていうのが，不安ですね。」とい

う「自分の弱さを見せること」への不安があることがみえてきた。そこで，当初考えていた「相手に自分について語る不安」を，「相手に自分について伝える戸惑い」，「相手にどう思われるか不安」，「自分の弱さを見せる嫌さ」に細分化し，概念を精緻化していった。そして，本概念の対極例として，抵抗感が少なく相手に話ができる「気兼ねなく話せる」という概念があると考えた。最終的に，本概念を「自分について相手にどのように伝えたらよいかわからずどうしようか迷うこと」と定義し，「相手に自分について伝える戸惑い」という概念を生成した。これらを分析ワークシートに記入し，本概念の分析ワークシートを表24に示した。

　M-GTAによる分析の結果，全体では14の概念と，4つのカテゴリーを生成した。生成したカテゴリー，概念，定義，具体例を表25に示した。各愛着パターンでは，安定型とおそれ型で11の概念，軽視型で10の概念，とらわれ型で12の概念を見いだし，すべてのパターンで4つのカテゴリーを生成した。なお，以下では，カテゴリーは【　】，概念は〈　〉で示す。自分について語り，話を聴いてもらう体験の概要は表25に示したが，本章の目的に鑑み，以下では特に愛着パターンによって差異がみられた概念について説明し，そのうえで，各愛着パターンの話を聴いてもらう体験プロセスをストーリーラインとして提示した。

　まず，【相手に話をすることへの思い】において，〈自分の弱さを見せる嫌さ〉は，おそれ型以外のパターンが感じていた。調査協力者は，短所を話すことがためらわれたり，恥ずかしく思っていたりするなど，自分の弱点について話すことに不安を感じていたことを語った。〈淡々と話す〉は，軽視型以外のパターンにみられた。彼らは，感情的な動きがあまりなく自分について話していったこと，快不快を特に感じず

170

第 7 章　話を聴いてもらうときにどう感じるか

表 24　分析ワークシート例

概念名	相手に自分について伝える戸惑い
定義	自分について相手にどのように伝えたら良いか分からずどうしようか迷うこと
ヴァリエーション	B：自分について今まで思うところはたくさんあったけど，人に言うことはあまりなくて，しかも意外と言うのが難しくて困った。そうですね，自分の中で前提があるんで，考えるのは簡単なんですけど，人に伝える，エピソードを話すっていうのは，どっから話したらいいんだろうって思って，難しかったですね。 C：自分について，自分の中で考えたり，家族・友人に話したりすることはありますが，初対面の方に自分について話すのは初めてだったので，少し照れくさい気分になりました。 D：何をどうやって話そうかなって思った。 E：何を話したらいいのか，本当に，どういう系統のことをしゃべればいいのかなって。生い立ちが聞きたいのか，今の状況なのか悩みました。 F：少し恥ずかしかったです。あんまり自分について話すことはそんな得意じゃないんで。 K：事実を話せばいいのだろうか，「自分について」なので，自分の半生のような重い話をした方がいいのだろうか。 K：自分について話すっていうときは，何を話したらいいんだろうっていう戸惑いというか，迷いがけっこうあった M：5 つもしゃべれないと思いました（笑）。しゃべったらしゃべったで次のぽって出てくるので，じゃあそれしゃべろうって思ってしゃべってるだけなんですけど，そんなんでいいのかなって思ったりしたり。 N：最初，何を話していいのかが分かりませんでした。「難しい」と感じました。 S：緊張しました。何を話したらいいか意外とこまるものなのだなと思いました。 X：エピソードを人に語っていて，（うすうす文脈がめちゃくちゃだと思いながらも）どうしたら人にわかりやすく，きちんと伝えられるかと少し不安に思っていました。実際体験をしてみて，自分で自分を評価（判断）するのは気恥ずかしいものでした。 Y：やっぱり，相手に話してくださいっていう状態で，自分は相手にどんなことを話そうかと考えてましたね。 （以下省略，上記のアルファベットは分析の際，各調査協力者に便宜的に割り当てられたものである）
理論的メモ	相手に自分について語ることへの不安→細分化は可能か→「戸惑い」，「どう思われるか」，「見せる嫌さ」に分けられるか。本概念は「どのように相手に伝えるかについての戸惑い」に焦点を当てる。〈自分の弱さを見せる嫌さ〉との違い？→本概念は嫌ということではなく，どうしてよいか分からないことに主眼がある。〈相手にどう思われるか不安〉との違い？→本概念は相手がどう思うか，というよりも自分から相手へ伝えることへの意識が強い。戸惑いは，その後のプロセスで解消されるのか，されないのか。→満足感，しんどさ両方につながる。対極例：〈気兼ねなく話せる〉

171

表 25　生成されたカテゴリー，概念，定義，具体例

カテゴリー	概念	定義	具体例（各パターンの人数）
相手に話をすることへの思い	相手に自分について伝えることへの戸惑い	自分について相手にどのように伝えたら良いか分からずどうしようか迷うこと	自分の考えていることと，言っていることがちゃんと伝わっているかなっていう意味で，なんか，違うんじゃないかなと思った。（安定型 5，軽視型 4，とらわれ型 3，おそれ型 3）
	相手にどう思われているかの不安	相手に自分の話がどのように受け取られているか不安になること	こんなことを話しても面白くないのでは…という抵抗がありました。この話しても良いのかなみたいな。（安定型 4，軽視型 1，とらわれ型 2，おそれ型 2）
	自分の弱さを見せる嫌さ	相手に自分の短所や弱点を見せることを嫌だと思う気持ち	自分の悪いところとかを見せちゃうっていうのが不安ですね。（安定型 1，軽視型 4，とらわれ型 3，おそれ型 0）
	気兼ねなく話せる	抵抗感が少なく，自分について気兼ねなく話せること	比較的，正直に自分自身で話している内容を検閲せずに話せていると感じた。なんか，好き放題しゃべりましたね。（安定型 2，軽視型 2，とらわれ型 1，おそれ型 0）
	淡々と話す	感情的な動きが少なく淡々と話すこと	感情的にはならなかったです。けっこう冷静でした。（安定型 3，軽視型 0，とらわれ型 2，おそれ型 1）
話すことによる情緒	聴いてもらうことへの満足感	相手に自分の話を聴いてもらえようことに満足すること	自分について話し相手がしっかり耳を傾けてくれる心地よさを感じました。（安定型 2，軽視型 0，とらわれ型 0，おそれ型 3）
	話すことへの満足感	自分の話をすることに満足すること	（話をした際の気持ちは）嬉しいし，前向きな気持ち，嬉しいとか楽しいとか，そういう気持ちでした。（安定型 4，軽視型 2，とらわれ型 3，おそれ型 2）
	話すことへのアンビバレンス	話すことに抵抗はありながらも話してみると良かったというアンビバレントな気持	他の人に話をするのは少し抵抗があった。言葉にすると自分でも納得できる部分があり少しすっきりした。（安定型 1，軽視型 0，とらわれ型 5，おそれ型 0）
	話すことへのしんどさ	自分の話をすることでしんどさを感じること	（自分のことを話すことは）しんどいっていう感じでしたかね，なんだかんだで。（安定型 0，軽視型 2，とらわれ型 2，おそれ型 0）
話の生成	話がよく思い浮かんでくる	自分についての話がよく思い浮かんでくること	色々と話したいことが思い浮かび，話したいこといっぱいでした。（安定型 2，軽視型 0，とらわれ型 4，おそれ型 2）
	話が思い浮かばない	自分についての話が思い浮かんでこないこと	エピソード…特にない…って思って。アンケート書いたときも，エピソードから入ってなかったから難しいなって思いました。（安定型 2，軽視型 3，とらわれ型 0，おそれ型 2）
	話をまとめる難しさ	「自分らしさ」を話としてまとめる難しさを感じること	自分について思っていることを人に言う機会はなかなかないんで，いつも頭の中でぐちゃぐちゃになっているのを言葉にするのは難しかった。（安定型 0，軽視型 1，とらわれ型 2，おそれ型 3）
自分らしさの変容	自己理解の深まり	自分について話をすることで自己理解が深まること	自分の直さなければならない部分がよく見えたと思う。話してみて，なんか，改めて理解が深まったような感じがありますね。（安定型 6，軽視型 4，とらわれ型 7，おそれ型 9）
	自分について分からなくなる感覚	「自分らしさ」がどのようなものか分からなくなる感覚を覚えること	自分のことを他人に話すことはないので，そこではやっぱり逆に，気づくというよりかは，分からなくなるっていうことかもしれないですね。（安定型 0，軽視型 1，とらわれ型 2，おそれ型 2）

に話したことについて言及した。

　【話をすることによる情緒】において，〈聴いてもらうことへの満足感〉は安定型とおそれ型が抱いていた。調査協力者は，自分について話し，それを聴く相手が存在していることへの心地よさや安心感を述べた。〈話をすることへのアンビバレンス〉は安定型ととらわれ型が感じていた。ひとまとまりの語りのなかに，自分について話をすることがためらわれたり，抵抗を感じたりすることと，楽しさや満足感を抱くことの両方が含まれていたものを本概念として捉えた。〈話をすることへのしんどさ〉は，軽視型ととらわれ型が感じていた。自分について話したことによって生じた否定的情緒がここに含まれ，彼らは，しんどさ，疲労感を抱いていたようであった。

　【話の生成】において，軽視型以外のパターンが〈話がよく浮かんでくる〉感覚をもっていた。その対極例である〈話が思い浮かばない〉は，とらわれ型以外のパターンにみられた。〈話がよく思い浮かんでくる〉について，調査協力者は，自分らしさをあらわすエピソードが次々に，あるいは詳細に思い浮かんできたことを報告し，〈話が思い浮かばない〉に関しては，自分らしさをあらわすエピソードが意外なほどに出て来なかったことを述べた。安定型以外のパターンが〈話をまとめる難しさ〉を感じていた。彼らは，自分らしさは思い浮かぶものの，いざ話をする時に難しさを感じたことや，まとまりのある話ができず締まらない感覚があったことを語った。

　【自分らしさの変容】における〈自分についてわからなくなる感覚〉も，安定型以外のパターンが抱いていた。彼らは，自分について話すことで，「自分らしさ」や「自分とは何か」が一層わからなくなったことを述べた。

（2） 個別事例の検討

　M-GTA による分析を行ったことで，各愛着パターンに典型的な話を聴いてもらう体験プロセスを示すことができた。さらに，各パターンの特徴を代表している事例を一名ずつ取り上げ，そのプロセスの背景に働いている力動も含め，もう少し詳しく検討した。

　以下では，M-GTA による分析と個別事例の検討から見いだされた各愛着パターンにおける話を聴いてもらう体験の特徴を述べていきたい。

 いつものやり方で得る満足感 ── 安定型

　安定型における M-GTA 結果図を図 15 に示した。生成されたカテゴリーと概念を用いて，安定型に典型的な話を聴いてもらう体験プロセスを述べたい。安定型は，【相手に話をすることへの思い】として，どのように自分らしさを伝えたらよいか迷う〈相手に自分について伝えることへの戸惑い〉，自分の話が相手にどう受け取られるかを気にする〈相手にどう思われているか不安〉，自分の短所や弱点があらわになることに不安が大きい〈自分の弱さを見せる嫌さ〉を感じる。これらの不安から，【話の生成】の〈話が思い浮かばない〉ことが起こる。しかし，このような話の思い浮かばなさは，【話をすることによる情緒】のうちの〈話をすることへのしんどさ〉にはむすびつかず，それでも自分について話すことで，〈話をすることへの満足感〉や〈話をすることへのアンビバレンス〉を抱く。さらに，相手に聴いてもらえたことを意識し〈聴いてもらうことへの満足感〉も得る。また，話すことへ

第7章 話を聴いてもらうときにどう感じるか

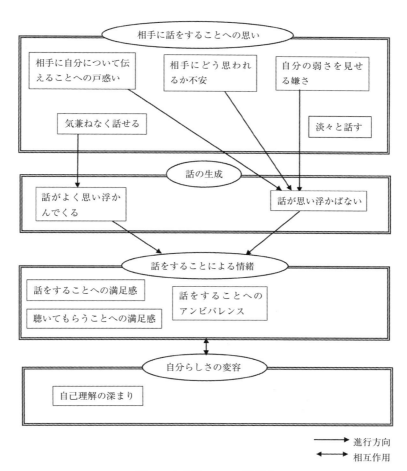

図15　安定型 M-GTA 結果図

の抵抗が少なく〈気兼ねなく話せる〉とも感じ，それにより〈話がよく浮かんでくる〉こともある。また，話す最中は，〈話をまとめる難しさ〉を抱くことはないが，感情の動きが少ない〈淡々と話す〉と感じることがある。話がよく浮かんでくることでも，話が思い浮かばないことと同様の【話をすることによる情緒】が生まれる。そして最終的には，【自分らしさの変容】として〈自分についてわからなくなる感覚〉をもつことはなく，〈自己理解の深まり〉を実感する。逆に，自己理解が深まったと思えることで満足感を得ることもある。

　安定型は自分についての語りを相手に聴いてもらう際，相手に話をする不安から話の思い浮かばなさを感じるが，それでも自分について語ることで最終的には一定の満足感を得ていた。さらに，安定型は話をまとめる難しさや自分がわからなくなる感覚は抱かなかった。安定型は情緒を柔軟に制御できる (Slade, 1999)，一貫した語りをすることができる (Hesse, 1999) とされるが，自身の体験においても同様に，安定型は，不安な気持ちや語りの一貫性をコントロールすることがある程度可能であると感じており，それによって一定の満足感を抱くことができるのであろう。また，相手に話を聴いてもらえた満足感を抱くことは安定型の特徴であり，おそれ型も同様の傾向を示した。これは，安定型クライエントは治療同盟の評価が高いこと (Bernecker et al., 2014；Diener & Monroe, 2011) と合致している。以上から，安定型クライエントとセラピストの関係性は比較的良好になりやすく，セラピストが話をすることへの不安に焦点づけた介入をしなくても，安定型クライエントは自ら語りを展開させ，自己理解を深めていく実感を得ていくと考えられる。この点は，第3章および第4章で考察された安定型の特徴と合致するものである。

　M–GTA による分析から，安定型は最初戸惑いを覚えながらも肯定

第7章 話を聴いてもらうときにどう感じるか

的な感覚を抱くとの結果を得た。そのような特徴をよくあらわしており，かつそこに至った背景についても言及していた安定型のM（19歳，男性，大学生）の事例を提示する。

【Mの半構造化面接より[1)]】
〈自分について語り，話を聴いてもらう体験？〉適切にお答えできたのかはわかりません。話題がなくて困るなあっていうのはあったんですけど嫌だなっていう思いもなくて楽しいかなって感じることもあって。単純に人と話すのが好きなのかなとも思います。欠点とか恥ずかしいところは知られたくないっていうのもあって，話題をえり好みをしていたなとも思いました。
〈エピソードを話してくださいと言われて？〉いつもはパッと浮かぶのですが，今回はそういったものがなくて困ってしまいました。
〈話しているときの気持ち？〉やはり楽しかったです。なかなかおもしろいです。人に自分のことを知ってもらいたいとか，わかってもらいたいっていう気持ちがあるからかもしれません。
〈話しにくさはあった？〉ないです。今ふっと思ったのが，これまでに話したくない話題を無意識に除外するスキルが身についていて，話しにくいことを無意識のレベルでどっかポイって捨てているから話しやすいのかもしれないですね。ただ，話してみてどう思ったって言われて反射的に出てくるのが，全然抵抗感はありませんっていうのが本当に本心の答えです。

Mは，調査の最初は，よい話題が思い浮かんでこず，戸惑いを覚えたようであった。「適切にお答えできたのかはわかりません」と述べているように，Mは自分の話したことが場にそぐうものであったか不安になっていたことがうかがえる。しかし，そのことによって否

---
1) 以下の「半構造化面接」においては，〈 〉内を調査者の言葉，地の文を各調査協力者の語りのまとめとする。

177

定的な情緒を感じるわけではなく，話した後には楽しい気持ちを抱いていた。これは，M–GTAの結果においても安定型の特徴として指摘されたことであるが，Mが感じた楽しい気持ちについてもう少し詳しく検討したい。

　Mは，「楽しい」と感じた理由として，「人に，自分のことを知ってもらいたい，わかってほしい」気持ちがあったと述べている。Mにとって調査者は，初対面ではありながらも，「わかってくれる」相手と認識されていたのだろう。ただ，Mの語りからは，思い浮かんだことをすべて調査者に話していたというわけではないことみえてくる。Mは，「欠点とか恥ずかしいところは知られたくないっていうのもあって，話題をえり好みをしていた」，「これまでに話したくない話題を無意識に除外するスキルが身についていて，話しにくいことを無意識のレベルでどっかポイって捨てている」と語った。Mは，「欠点や恥ずかしいところ」に関しては，調査者に話すと否定的な情緒を感じるために，話題を無意識的に選別することによって楽しさを得ていたことがわかる。これは，Mが日頃他者と関わるなかでとっている方略だとも言える。安定型のM–GTA結果では〈話をすることへのしんどさ〉はみられなかったが，安定型の調査協力者はMのように話題を選別することなどの否定的な情緒を感じないようにする方略を用いていたのではないだろうか。それでも，Mが述べているように，話を聴いてもらう体験が「抵抗がないというのが本当に本心」であったこともまた事実であろう。さらに，Mは，「今ふっと思ったのが」と言って話題を選別していたことを調査者と共有したが，このことはMが相手と話をするなかで気づきを得ていけることを示唆している。ただし，Mは話題の選別について「無意識」と言っているものの，自分について語り，話を聴いてもらう体験を振り返るなかでおのずか

ら言及されたものであるので，完全に無意識に属するというよりも，前意識的なものであろう。

　Mの事例検討から，安定型との心理療法において，安定型クライエントは，普段の対人場面で用いているような方略をとり，楽しい時間をすごしやすいと理解できる。しかし，クライエントは，普段から用いている方略が機能しなくなったからこそ，セラピストのもとを訪れるのである。そのため，心理療法が展開し，心理療法の場が日常場面とは一線を画すようになっていくなかで，クライエントが見たくないと感じている部分にふれざるをえなくなるときがくるであろう。そのときに，「見たくはないが，それでも見ていこう」もしくは「見ていかなくてはいけないが，やはり見たくない」というクライエントの思いをセラピストがいかにキャッチできるかが重要になってくるのではないだろうか。彼らは，相手に「わかってほしい，知ってほしい」気持ちをもっているため，そのような揺れ動く思いを理解するセラピストがそばにいると，安定型クライエントは安心して語りを深めていくことができると推察される。

③　自分の弱さをさらけだす苦しさ ── 軽視型

　軽視型のM–GTA結果図を図16に示した。まず，軽視型に典型的な体験プロセスを示したい。軽視型は，安定型と同様，【相手に話をすることへの思い】として，〈相手に自分について伝えることへの戸惑い〉，〈相手にどう思われているか不安〉，〈自分の弱さを見せる嫌さ〉を感じる。これらの不安から，【話の生成】の〈話が思い浮かばない〉ことが起こるのも安定型と同様だが，軽視型では【話をすることによ

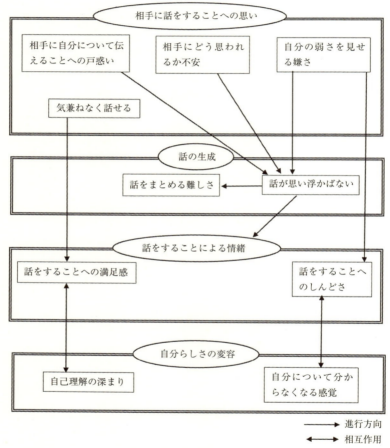

図16　軽視型 M-GTA 結果図

る情緒】として，〈話をすることへのしんどさ〉を感じ，特に〈自分の弱さを見せる嫌さ〉からしんどさにむすびつきやすい。さらに，話が思い浮かばないがゆえに〈話をまとめる難しさ〉を感じる。また，軽視型は〈気兼ねなく話せる〉と思うこともあるが，〈話がよく思い浮かぶ〉とはならずそのまま〈話をすることへの満足感〉を抱く。また，感情の動きがあるようで〈淡々と話す〉とは感じにくい。安定型にみられた〈聴いてもらうことへの満足感〉も意識されない。【自分らしさの変容】については，〈自己理解の深まり〉の感覚だけでなく「自分らしさ」が混乱して〈自分についてわからなくなる感覚〉も抱く。自分がわからなくなる感覚から話したことへのしんどさを感じることもあり，自己理解が深まった実感から話したことへの満足感を得ることもある。

　軽視型は，自分について話す不安が，話が思い浮かばないことを経由しながらしんどさにむすびついていくこと，感情的な動きが少なく淡々と話すとは意識されていないことが特徴的であった。軽視型について，工藤（2004）は心理療法において否定的情緒が表出されにくいと報告しているが，本結果では，軽視型は自らについて話したことによるしんどさや感情的な動きはたしかに実感していた。これまでおそれ型においてセラピスト側から観察される様子と自身の体験にギャップがあることが示されていたが，軽視型でも同様のことが示唆された。第6章の結果もふまえると，軽視型はセラピストへの否定的情緒は意識されにくい一方で自らについて話す際の苦痛は感じやすいのだろう。Wallin（2007）は，軽視型クライエントとの心理療法において，言葉というよりも身体の微細な動きに注目してクライエントの情緒を感じとることの重要性を主張しているが，工藤（2004）の指摘もあわせると，軽視型クライエントは，自らについて話したことに伴う否定

的情緒については言葉ではあらわさなかったとしてもたしかに体験しており，セラピストはそこに目を向けることが重要になる。また，話が思い浮かばないことはAAIでの軽視型の特徴と一致しており（Hesse, 1999），そこは中立的な評定と実感が重なっている部分である。

M–GTAによる分析から，軽視型では，自分について話すことへの不安が，話が思い浮かばないことを経由しながら情緒の揺れ動きにつながり，場合によっては否定的な感覚が生じることが示された。安定型のMの考察でもふれたように，そのプロセスには特に自分の欠点について話すときの不安をどのように対処するかが関わっていると考えられるが，そのことについて詳しく説明していた軽視型のN（21歳，女性，大学生）の事例を提示する。

【Nの半構造化面接より】
〈自分について語り，話を聴いてもらう体験？〉恥ずかしかった。自分の思っている短所とか，そういう部分もこの初対面の方にお話ししてもいいのかなっていう感じだった。
〈エピソードを話してくださいと言われて？〉エピソードがあまり出て来なくて，あれっ自分ってこうだと思っていたけど，それって何から来ているんだっけっていうのが迷子になってしまうような感じでしたね。
〈話しているときの気持ち？〉自分について考えていることのなかには自分の悪いところ，短所があり，個人的な領域のことを初対面の方に話すというのはやっぱり抵抗があるというか，田附さんが想定していらっしゃることならいいんですけど，それ以上のことを自分が無駄に放出して「いや，そこまで深くは聞いてないよ」ってことだったら恥ずかしいなって思いました。
〈話して気づきはあった？〉自分について話すときに性格が多く出ていたなってよく考えたら思って。鬱々としたことを書いてるなあって。よく考え直したら，内面的な自分の生き方とか考え方に焦点を当てて考え

第7章 話を聴いてもらうときにどう感じるか

てるなって思いますね。
〈話しにくさや話しやすさはあった？〉話しにくさはありました。自分の悪いところ，弱いところを見せちゃうっていうのはやっぱり不安ですね。

　軽視型のNは，「自分の悪いところ，弱いところを見せちゃうっていうのはやっぱり不安ですね。」と述べたように，自分の「悪いところ」や「弱いところ」を初対面である調査者に語る不安や抵抗を感じていた。そのことは，エピソードが思いつかず「迷子になってしまった」こととも関連しているだろう。安定型のMも，Nと同様に自分の欠点を調査者に話したくない思いをもっていたが，話題を取捨選択して欠点について話すことを回避していた一方で，Nは自分の欠点を実際に語り，抵抗や不安を抱いた。Mと比較して，1回限りの調査においても，自分の弱さについて話すことへの嫌悪感に直面することにNの特徴があると言える。以下では，Nが自分の欠点を話す際の気持ちについて考察したい。
　Nが取り上げた話題は，自ら述べていたように，「鬱々とした」，「内面的なところ」が多く，Nは「悪いところ」を含めた「自分の生き方」，「考え方」について考えたい気持ちをもっていたようである。しかしNは，そのような話題を調査者と共有することに不安を覚えていた。これに関連して，Nは「自分について考えていることのなかには自分の悪いところ，短所があり，個人的な領域のことを初対面の方に話すというのはやっぱり抵抗があるというか，田附さんが想定していらっしゃることならいいんですけど，それ以上のことを自分が無駄に放出して「いや，そこまで深くは聞いてないよ」ってことだったら恥ずかしいなって思いました」と述べている。鷲田（2003）が，語る

ことについて「着地点が見えないままじぶんを不安定に漂わせるということであり、つまりは自分を無防備にすることである」と指摘するように、Nは、「無防備にされた自分」が調査者に受けとめられることなく「不安定に漂う」ことを強くおそれていたのであろう。Nには自らの生き方や考え方について理解を深めたい気持ちがあるが、一人で考えようとするとますます他の可能性に開かれていない硬直した物語 (Homes, 1998) にとどまることになり、行き詰りになってしまう可能性が高い。しかし一方で、自らの思いを他者と共有しようとすると、他者に受けとめられないのではないかという不安がNに生まれてきてしまうのである。Nは、目の前の相手を信頼してもよいのかという不安から自分の弱い部分をさらけだすことに苦痛を覚えていたのであり、話をすることをめぐって葛藤していたことがうかがえる。

　軽視型との心理療法においては、比較的初期に、クライエントのなかに自分の弱さについて話すことへの抵抗や不安が生まれてくることが想定される。それにより、心理療法が中断に至ったり、深まる前に終結を迎えたりすることもあるだろう。軽視型クライエントの苦しさの背後には、目の前のセラピストを信頼できるのかということへのおそれがあると認識しておくことが大切になる。

  4　混乱とそれが整理される感覚 ── とらわれ型

　とらわれ型のM-GTA結果図を図17に示した。最初にとらわれ型に典型的な体験プロセスを提示したい。とらわれ型は、安定型や軽視型と同様、【相手に話をすることへの思い】を感じる。しかし、安定型や軽視型とは異なり、とらわれ型では〈相手に自分について伝える

第 7 章 話を聴いてもらうときにどう感じるか

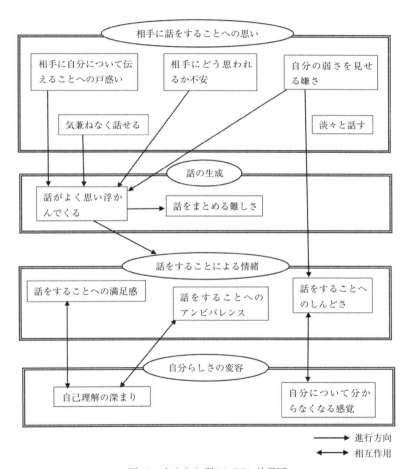

図 17 とらわれ型 M-GTA 結果図

ことへの戸惑い〉,〈相手にどう思われているか不安〉,〈自分の弱さを見せる嫌さ〉が【話の生成】の〈話が思い浮かばない〉にはつながらず,むしろ〈話がよく思い浮かぶ〉にむすびついていく。そのことから話の整理がつかず,〈話をまとめる難しさ〉を感じる。また,〈自分の弱さを見せる嫌さ〉から,【話をすることによる情緒】の〈話をすることへのしんどさ〉を感じやすいのは軽視型と同様である。話題がたくさん思い浮かびながら自分について語ることで,【話をすることによる情緒】における〈話をすることへの満足感〉,〈話をすることへのしんどさ〉,〈話をすることへのアンビバレンス〉を抱くが,軽視型と同様に〈聴いてもらうことへの満足感〉は意識されない。【自分らしさの変容】として〈自己理解の深まり〉もしくは〈自分がわからなくなる感覚〉を得る。また,自己理解が深まったと思えることで話したことへの満足感を抱き,自分がわからなくなることで話したことへのしんどさも感じる。

　とらわれ型は,自分について話す不安から,話がよく思い浮かぶことにつながるのが特徴的であった。話がよく思い浮かぶことや話がまとめられないことは,AAI の特徴やセラピストからみた様子(Hesse,1999;工藤,2004)と一致している。さらに,とらわれ型は,話すことへのアンビバレンスが多いことに代表されるように,話すことの否定的側面と肯定的側面を同時に体験していることがわかる。これまで指摘されたのと同様に,とらわれ型は様々な情緒を感じており,そのために話がまとまらず,混乱しやすいのだろう。

　M–GTA による分析から,とらわれ型は,自分について話をする不安が話の思い浮かびやすさを経由して様々な情緒にむすびつき,それが混乱にもつながっていた。とらわれ型が自分について話し,それを聴いてもらうことの意義を明らかにするため,とらわれ型の特徴を示

しつつ，話をすることで得た肯定的感覚やその背景について言及していた O（20 歳，女性，大学生）の事例を提示する。

【O の半構造化面接より】
〈自分について語り，話を聴いてもらう体験？〉普段ネガティブなことを考えているので，他の人に話をするのは少し抵抗がありました。自分について思っていることを人に言う機会はなかなかないんで，いつも頭のなかでぐちゃぐちゃになっているのを言葉にするのは難しかったけど，言うと，こうだよなって理解できるような感じがありました。言葉にすると自分でも納得できる部分があり，少しすっきりしました。言葉にできるとあるべきところにおさまったような感じもありましたね。
〈エピソードを話してくださいと言われて？〉いつも考えていることではあるんで思いつくことは多くありました。
〈話しているときの気持ち？〉普段考えているよりは少し客観的に離れて話をしている印象でした。あんまり感情を動かさないようにしていたかもしれません。自分を上から見ているような感じがあって，感情をオフにして話している感じがありました。
〈話しにくさや話しやすさはあった？〉どう思われるだろうと考えてしまって話しにくさはありました。話している間も抵抗感はありましたが話すことに満足感もあったように思います。今まで一人で考えていたことを外に出してすっきりできたからかもしれません。

とらわれ型の O は，「ネガティブなことを他の人に話すのは抵抗があった」，「どう思われるだろうか」と述べており，調査者に自分の否定的な部分を話すことで調査者にどう思われるかと不安を覚えたようであった。自分の弱さについて語る不安は軽視型の N の体験とも共通している一方で，O は，調査者にどのように思われるかも気にしていたようであった。さらに，O は，「思いつくことは多くあった」と話題がよく思いついたと感じていたのに加え，「話すことに対する満

足感もあったように思う」と述べるなど，自分について話をすることで肯定的な感覚も得ていた。Ｏの体験プロセスはとらわれ型のM-GTA結果と合致するが，ここではＯにとって思考を「言葉にすること」の意味について考察したい。

「いつも頭のなかでぐちゃぐちゃになっているのを言葉にするのが難しかった」と述べているように，Ｏは，自分の頭のなかの混乱を言葉にすることに困難を覚えていた。しかし，「言葉にすると自分でも納得できる部分があり，少しすっきりした」，「言葉にできるとあるべきところにおさまったような感じもあった」，「言うと，こうだよなって理解できるような感じがあった」と異なる表現を用いながら，話をすることによって整理できたり，理解が進んだりしたことを繰り返し言及していた。鈴木（1973）は，言葉とは「渾沌とした，連続的で切れ目のない素材の世界に，人間の見地から，人間にとって有意義と思われる仕方で，虚構の分節を与え，そして分類する働きを担っている」と述べているが，Ｏにとっては，自分の思考を言葉にすることも，混乱した心的世界に分節を入れ，整理することを意味していたようである。だからこそ，混沌に飲み込まれるのではなく，「感情をオフにして上から」眺める感覚をもつことができたのだろう。Ｏには，語ることによって自分の思考と距離がとれることが重要であった。

とらわれ型との心理療法においては，混乱しがちなクライエントの思考や情緒を言葉にしながら明確にしていくことが大切になる。そのことを通じて，クライエントは，まとまらない考えやあふれでる様々な気持ちに翻弄されるのではなく，俯瞰的な視点から現状を眺めることができるようになるのではないだろうか。

第7章 話を聴いてもらうときにどう感じるか

⑤ "すばらしい" 体験 —— おそれ型

　おそれ型の M-GTA の結果図を図 18 に示した。まず，おそれ型の典型的な体験プロセスを述べたい。おそれ型は，他のパターンとは異なり，【相手に話をすることへの思い】のうち，〈自分の弱さを見せる嫌さ〉を感じにくい。〈相手に自分について伝えることへの戸惑い〉，〈相手にどう思われているか不安〉から【話の生成】での〈話が思い浮かばない〉，〈話がよく思い浮かぶ〉の両方が起こり，〈話をまとめる難しさ〉を抱くこともある。また，おそれ型は〈気兼ねなく話せる〉と感じて〈話がよく浮かんでくる〉こともある。さらに，〈淡々と話す〉と感じることもある。話が思い浮かぶかどうかに関わらず，【話をすることによる情緒】のうちの，〈話をすることへのしんどさ〉にはむすびつかないのは安定型と同様であるが，さらにおそれ型は，【話をすることによる情緒】として肯定的なものだけが残る。〈話をすることへの満足感〉だけでなく，〈聴いてもらうことへの満足感〉も抱くことは安定型と同様である。そして最終的には，【自分らしさの変容】として〈自己理解の深まり〉が実感される。逆に，自己理解が深まったと思えることで満足感を得ることもあるが，その一方で〈話が思い浮かばない〉ことから〈自分についてわからなくなる感覚〉を抱くこともある。

　おそれ型は，自分の弱さを見せることに嫌悪感を抱いていないこと，話したことによる情緒として肯定的なもののみを意識することが特徴的であった。これより，おそれ型クライエントにとって，セラピストに傾聴されることは否定的な情緒とむすびつきにくいため，セラピストが丁寧に関わると，おそれ型クライエントは安心して語りを進めて

189

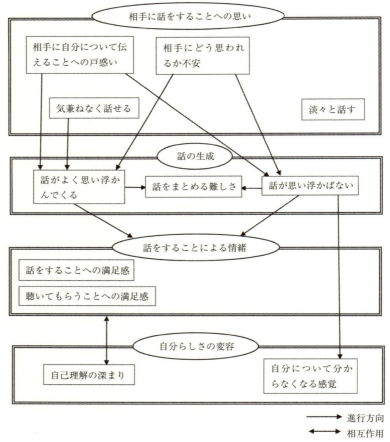

図18　おそれ型 M-GTA 結果図

いくことができるとも考えられる。また，セラピスト側からみたおそれ型の特徴として，軽視型と同じく否定的情緒が表出されないことが指摘されている（工藤，2004）が，自身の体験においても，自らについて話したことによる否定的情緒は意識されていなかった。第6章による結果も考慮に入れると，おそれ型クライエントは，セラピストへの否定的情緒を抱きやすい反面，自らについて話すことへの否定的情緒は体験自体されていない可能性がある。軽視型とおそれ型クライエントは，心理療法において否定的情緒を表出しないという点では共通しているが，セラピストへの否定的情緒もしくは自らについて話す際の否定的情緒のどちらを体験しやすいかという点においては対照的である。ただし，これらの検討はおそれ型の語りをそのまま体験として捉えているが，おそれ型の特徴としてこれまで指摘されたように，おそれ型の調査協力者が調査者に気兼ねして否定的情緒を報告しなかった可能性にも十分留意しなければならない。それは，第6章と本章の結果の差異は，否定的情緒を報告する相手の違いによって生まれたとも考えられるからである。つまり，第6章の調査において，調査者は映像のセラピストとは関係のない第三者であったために，おそれ型の調査協力者は映像のセラピストへの否定的情緒を伝えやすかったのに対し，本調査では自分について語る相手と，その体験を語る相手が同一であったために気を遣い，否定的な情緒を報告しなかった可能性も十分ある。

　M-GTA による分析では，おそれ型は自分の話を聴いてもらうことで，肯定的な感覚のみを得ており，"すばらしい"体験をしていたと言える。その背景を検討するために，肯定的な感覚について詳しく述べていたおそれ型の P（19歳，女性，大学生）の事例を提示する。

【Pの半構造化面接より】

〈自分について語る体験？〉少し緊張しましたがそれも最初だけでなごやかな雰囲気で進めてくださりとても居心地のよい楽しいものでした。

〈エピソードを話してくださいと言われて？〉日々のつみ重ねの印象が大きかったのですぐには思い浮かばなかったのですが，一つ話していると，他のことも思い浮かんだりして当時を思い出すこともできて楽しかったです。

〈話しているときの気持ち？〉誰かに話を聴いていただくというのは気分のよいものだなあと感じました。自分についてしゃべって自分についてますます好きになるっていうことはないですけど（笑），客観的に自分について説明するっていうのはなかなかないことですし，冷静に自分を振り返るみたいな感じでおもしろいなあって，すごくよい気分でお話させていただきました。

〈気づきはあった？〉自分が思っていた以上に楽しい人生を送っている，人生に満足しているのかなあと声のトーンやテンションで思いました。話していてとても楽しかったので，自分は楽しいんだって思って。

〈話しにくさや話しやすさはあった？〉抵抗はありませんでした。とても楽しかったです。

　おそれ型のPは，最初に少し緊張したこと以外は，「楽しい時間でした」，「すごくよい気分で話した」など様々に肯定的な感覚を得たことを報告していた。さらに，「話を聴いていただくというのは気分のよいものだなあと感じました」と述べていたように，初対面の調査者に対しても，大きな不安を感じることなく，むしろ好意的な印象を抱いていた。自分について話すことへの肯定的な面のみを強調し，報告しているのがPの特徴であろう。これは，おそれ型のM–GTA結果とも共通している。このように，Pが自分について語ることの肯定的な面ばかりを意識していたことの意味を少し考察したい。

　おそれ型は，元来，自己観も他者観も否定的であり，定義に従えば，

Pは「自分は他者から，特に愛着対象から助けをもらえない，愛着対象は援助や保護を求めたときに応答してくれない」（Bowlby, 1973）と感じており，自分について語る体験も否定的なものになるはずである。しかし，Pの体験としては，肯定的な思いだけが報告された。これをどのように理解すればよいのだろうか。これまでおそれ型について述べてきたことを考慮に入れると，Pは調査状況や調査者に対して合わせていた可能性がある。つまり，一回限りの本調査においては，Pは違和感を覚えることなく本調査の設定に適応し，肯定的な体験をしていたことが考えられうる。これはPの過剰適応的なふるまいによるものとも思えるため，もし話を聴いてもらう機会が継続してあったとすれば，このまま"すばらしい"体験が続くとは想像しにくい。ただし，Pが自分の「声のトーンやテンション」から，「思った以上に楽しい人生を送っている」ことに気づいたと報告しているように，Pが自分について語り，その話を聴いてもらうことを実際に肯定的に捉えていたのは間違いないであろう。Pが調査者に合わせていた可能性と実際によい体験をしていたことの両方を認識しておく必要があり，そのことこそがおそれ型の特徴であるのだろう。

　おそれ型との心理療法の初期では，セラピストがクライエントに対して真摯に対応することで，クライエントは安心して語りを進めていくことができる。しかしおそれ型クライエントがたしかにそうした体験をしているのと同時に，セラピストに合わせていたためにそのような状況が生じており，それが長く続くわけではないということにも目を向けておくことが大切になる。

　対象となる者や面接状況など，今回の面接調査と実際の心理療法の違いは少なくない。特に，本章で扱った面接調査は一回きりのもので

ある。一方，心理療法は，もちろん初回限りになることもあるが，継続的に行われる場合がほとんどである。しかし，心理療法も一回一回の面接の積み重ねである。心理療法に資する調査研究を実施する際には，調査の限界を意識したうえで，調査協力者のなかで動く心理を的確に捉える努力や工夫を行うことが重要になる。今後も，調査のデザインの精緻な組み立てと，そこにあらわれる豊かな内面の両立を目指しながら，心理療法と愛着理論の接点について研究を行っていく必要があるだろう。

こころが動く瞬間
著名な精神分析家による症例

終章　こころが動く瞬間

① 心理療法と愛着理論の新たな地平に向けて

　第1章および第2章において，「reality」と「actuality」の概念で捉えるとすれば，心理療法と愛着理論は接近可能である一方で，差異もあると述べた。力動的心理療法はクライエント自身の主観的な体験を大切にするのに対し，愛着理論には当人の外側の視点から体験を説明するという特徴が見いだされた。そうした共通点と差異があるからこそ，愛着理論からクライエント自身の視点にもとづいた体験を明らかにすることで，愛着理論は力動的心理療法に資することができると考え，第3から第7章にわたって様々な調査研究をもとにクライエントの体験について多角的に論じてきた。第5章の終わりには，それまでの議論をもとに，愛着理論は個人の実感を探究する方向にさらに変化していく可能性があると述べた。愛着理論が体験の内容を明らかにしていくことで，愛着理論は心理療法の営みにさらに近づき，両者の接点がさらに拡大していくことを指摘した。そして本書の締めくくりである本章において，転移を的確に捉え，それをクライエントに解釈することを重視する力動的心理療法に，愛着理論はどのような示唆をもたらすことができるのかについて改めて考えてみたい。そのことは，BCPSG（2010 丸田訳 2011）が主張する，クライエントに治療的変化をもたらす「解釈を越えた何か」について理解を深めることにもなるのではないだろうか。さらに，それは日常で生じる関係性にまつわる問題を一歩前に進める手がかりにもなるであろう。

　第3章から第7章で述べてきた，各愛着パターンを示すクライエントによる心理療法への意味づけや体験の特徴をまとめると以下の通りになる。ここで各愛着パターンの特徴を整理する理由は，第2節以

197

降で述べていくクライエントのこころが動く瞬間をより的確に捉えることを可能にするためである。

　安定型クライエントは，心理療法の開始当初は，心理療法をどのように進めていけばよいのかに関して戸惑いを覚えやすい。彼らは，そうした戸惑いを抱きながらも，次第に自己理解を深めていき，結果として満足感を得る。そこには，彼らがセラピストに支えられている感覚を抱きやすいことも関わっているだろう。ただし，彼らの体験は，彼らがこれまで身につけてきた適応的な方略が発揮された結果としても捉えられる。だからこそ，彼らがふれたくないことにふれざるを得なくなったときや，心理療法が行き詰まりに陥ったときに，彼らがセラピストとそのときの気持ちをいかに探索できるかが心理療法をさらに意義深いものとするための鍵になると考えられる。また，見捨てられ不安が低いクライエント（安定型と軽視型）はセラピストの動作にまで注目しやすいが，それはセラピストを基本的に信頼することができるためであろう。

　軽視型クライエントにとっては，心理療法に来談すること自体や抽象的な理想像が崩れることが苦痛の体験になりえる。軽視型クライエントの特徴として否定的な情緒を表出しないことが指摘されている（工藤，2004；Slade, 1999）が，彼らはセラピストに否定的な情緒を抱きにくい反面，自らについて語る際には，気持ちの揺れ動きを実感しており，特に自分の弱い部分をさらけ出すことに苦しさを感じやすい。これらから，セラピストからみた彼らの姿と自身の体験にギャップがあることがわかる。また，彼らはセラピストを重要な他者とは意識しづらく，セラピストの関わりを自分の領域を脅かすものとして捉える可能性も十分にある。さらに，親密性の回避の高いクライエント（軽視型とおそれ型）は，セラピストの言葉のリズムやトーンに注目しや

すく，そのことを通して彼らはセラピストが抱えてくれるかどうかを
確かめようとしているとも理解できる。

　とらわれ型クライエントは，アンビバレントに捉えられた他者との
関係を強く意識しているのに加えて，自らへの否定感も大きく，不安
や苦悩を強く実感する傾向にある。彼らにとって重要な他者は理解で
きないながらも不可欠な存在であるため，分離に難しさを抱えている
場合が多い。彼らが重要な他者との一体的な関係から分離することは
大切であるが，分離することで自己の存在の基盤を強烈に揺さぶられ
ることになり，非常に苦しい体験をする可能性もある。彼らはセラピ
ストに対しても両価的な情緒を抱き，依存的な気持ちを向けやすい。
また，彼らは，自らについて語り，その話を聴いてもらうことに抵抗
を感じる一方で，それによって混乱した思考や情緒を整理し，現状を
俯瞰的に眺めることができるようでもある。とらわれ型クライエント
の特徴として，否定的な情緒を多く表明し，語りがまとまらないこと
などが指摘されている（工藤，2004；Slade, 1999）こともあわせると，
とらわれ型クライエントにおいて，セラピストから観察される姿とク
ライエント自身の実感が一致していることがわかる。また，見捨てら
れ不安が高いクライエント（とらわれ型とおそれ型）はセラピストの表
情に注目しやすいが，その背景には，セラピストとの基本的なつなが
りが切られてしまうことをおそれる気持ちがあるのだろう。

　おそれ型クライエントは，人との接触に敏感であり，自分の能力を
強く意識しているのに加え，とらわれ型と同じく重要な他者に両価的
な情緒を抱きやすい。相手に話を聴いてもらう体験プロセスでは，彼
らは肯定的な情緒のみを意識する傾向にある。また，おそれ型クライ
エントには，軽視型と同様，周囲からみた姿と自身の体験にギャップ
があることがうかがわれる。ただ，おそれ型はセラピストへの否定的

情緒を感じている反面，自らについて語り，話を聴いてもらう際には否定的情緒は意識しておらず，否定的情緒を抱くポイントは軽視型と異なっている。さらに，おそれ型クライエントは周囲の目を気にし，過剰適応的に他者に合わせるため，相手に不満を抱いていても内に秘めやすい。そのため，彼らにとって，外に表現していない部分も含め，ありのままの姿を周囲に認めてもらう体験をすることが重要になる。彼らは重要な他者の言動の矛盾に翻弄され，苦悩している可能性も示唆されたため，セラピストが丁寧かつ一貫した関わりをすることで，彼らは内省することができ，自己理解を深めていくことができるとも推察される。

　調査研究をもとにした検討から各愛着パターンをもつクライエントの体験について上記の仮説を得た。しかし，目の前のクライエントにこれらの仮説を当てはめることが心理療法実践において有意義というわけではない。むしろ，仮説を基準にしてクライエントをみたときに，それでは捉えられない面があると理解できたときにこそ，この仮説は真に意味をもつであろう。

 こころが動く瞬間（I）── Balint, M. の症例

　ここからは，著名な精神分析家による二つの症例をもとに，これまでの各調査研究で得られた知見が心理療法実践でどのように生かされるのかについて論じたい。具体的には，心理療法の重要な転換点となっていたクライエントのこころが動く瞬間を検討するとともに，クライエントの変容を支えるセラピストの態度についても明らかにすることを試みる。

終章　こころが動く瞬間

Balint, M.「沈黙症例」から

Balint, M.（1968 中井訳 1978）の「沈黙症例」取り上げる。症例の概要を以下に記す。

> 患者は，当時までにすでに約二年間精神分析を受けていたが，面接時間の始まりからたっぷり 30 分以上押しだまったままであった。分析者はそのことを受容した。そして，患者の中で何が起こっているかがおおよそ分かったので，全然，沈黙に干渉しようとせずに待った。実際，分析者はイヤな感じがしなかったし，何かしなければならない強迫感も覚えなかった。付言しなければならないが，沈黙はこの患者の治療中，前にも何回か起こっていたので，患者も分析者も耐える訓練はある程度済ませていたわけである。沈黙を突然破ったのは患者の方だった。患者はすすり泣きはじめた。沈黙はこれで終わり，まもなく患者は口がきけるようになった。患者は分析者に話した，とうとう私は自分自身になれたのだ，と。患者は幼年時代この方ひとりで放って置かれたことがなく，いつも誰かがそばにいて，何々をしなさいと言ってきたのだった。何回か後の面接で患者は，『沈黙している間中，ありとあらゆる連想がわいてきたが，どうでもよいもの，ただ邪魔するだけの表面的な有害物だ，と全部斥けていました』とうちあけてくれた。
> 　　　　　　　　　　　　　　　　　　　　　　（Blint 1968 中井訳 1978）

Balint（1968）は，「患者の中に何が起こっていたか」について，「新規蒔き直し」という概念を用いて説明している。新規蒔き直しとは，患者は重篤な問題が生じた時以前の原始的な状態に回帰するが，それと同時に新しい自分の身に合った生き方を発見する治療的な退行を指し，それは対象成立以前の「arglos」[1] な雰囲気のなかで生じるとされ

1）　ほぼ「気のおけない」という意味をあらわすドイツ語である（Balint, 1968　中井訳 1978）。

る（Balint, 1968）。

　ここでは，「患者の中に何が起こっているか」を患者の視点にもとづいた体験と捉え，その理解に愛着理論がどのように役立つかについて論じたい。

　まずこの患者の愛着パターンを検討する。彼は「幼年時代この方ひとりで放って置かれたことがなく，いつも誰かがそばにいて，何々をしなさいと言ってきたのだった」と語った。ここから，幼少期より彼は周囲から過剰とも言える関わりを受けてきたことが示唆されるが，この語りからだけでは，彼がその関わりをどのように受けとめていたかに関しては明確ではない。しかし，沈黙の間に浮かんできた連想について「どうでもよいもの，ただ邪魔するだけの表面的な有害物だと思って全部斥けていました」と語ったことからは，彼にはこれまでの外界からの働きかけも「表面的な有害物」のように感じられており，彼が主体的に生きようと思っても周囲に邪魔されて断念せざるをなかったことがうかがえる。周りに彼の本心を理解してくれる者はいなかったのではないだろうか。彼は，干渉されることを避けるため，外界と距離をとろうとしてきたことで，「慣習的，自動的と化していた外的世界，外界と関連する体験様式」（Balint, 1968 中井訳）をもつようになったのだろう。したがって，彼には，回避的なところがあり，安定型のように重要な他者に支えてもらっている安心感を抱いていたわけでもなく，とらわれ型のように関係に巻き込まれて苦悩しているわけでもないと理解できる。また，彼は，軽視型のように重要な他者を防衛的によいものとして捉えているわけではなく，周りは干渉してきて，自分本来の姿を認めてくれているわけではないと感じていたのだろう。したがって，この患者は，ある程度親密な関係を求めながらも，一歩引いた関わりをするおそれ型の特徴をもっているのではないだろ

うか。ここでは沈黙の後の語りをもとに考察したが，この面接に至るまで分析者と二年間精神分析治療が行われており，その間に長い沈黙が何度かあったことも報告されていることから，この面接までに同様の見立てをすることも可能であったであろう。

　この患者がおそれ型の愛着パターンをもっていると仮定し，これまで本書で得られた知見をもとにすると，この面接において分析者は彼の体験をどのように理解し，どのようなことを考えるだろうか。患者が長時間黙り，身体的に動かずにいても，その内側では相当の情緒が揺れ動いていると分析者は想像するだろう。分析者は実際にどのような対応をとるか非常に慎重になるが，何か介入すれば彼は「邪魔された」と感じるだろうとも推察する。それでは，介入しない方がよいと考えるかもしれないが，患者が分析者に否定的情緒を抱いていてもそれを表明できないでいたり，長い沈黙も分析者に合わせた結果であったりする可能性も思い浮かぶ。分析者は様々な可能性を考慮に入れて逡巡するだろうが，患者や彼とのこれまでの治療を信じ，この長い沈黙を彼の抑制的な特徴が反映されたものとしてではなく，むしろ彼の主体性のあらわれとして理解したからこそ，彼の主体性を尊重するべく待つことを選択したと考えられる。

　長い沈黙の後，患者は「とうとう私は自分自身になったのだ」と述べた。彼は，外界と関わるなかで「私は自分自身だ」という感覚をもてなかったのであろう。それは，抑制的になり本来的な姿を外界に示すことが難しいおそれ型のあり方と重なる。しかし，長い沈黙を経て患者は「自分自身になった」。第1章で示したように，愛着理論が大切にする体験とは，「当人が実在する外界と関わるなかでその場を意味づけ，迫真性をもって感じること」である。心理療法にひきつけて言えば，「クライエントが実在するセラピストと関わるなかで心理療

203

法の場を意味づけ,迫真性をもって感じること」となる。Balint (1968) が,分析者は患者に巻き込まれると同時に,自分が潰れないことを示さなければならないと述べているように,分析者は患者の転移を引き受ける存在でありながらも,患者に現前する生身の他者でもある。「沈黙症例」の患者のこころを動かしたのは,起こり得る転移の様相を理解しつつ,それでもなお患者の可能性を信頼する分析者の存在そのものを患者が体験したことだったと言えよう。

こころが動く瞬間（Ⅱ）── Kohut, H. の症例

続いて,Kohut, H. (1984) の「自己愛パーソナリティの症例」を取り上げる。もとの症例は詳細に記述されているため,以下では筆者が要約したものを記す。

　　患者は,非現実的であるという慢性の苦痛を伴う非常に重い自己愛パーソナリティ障害であった。彼によれば,彼はこれまで何度かの精神療法を受けていたが,その治療者は皆,彼を攻撃するか,彼から手を引き彼に別の治療者の助けを求めるように提案した。母親はまったく教会に夢中になっていて,子どもたち自身の情動欲求よりも教義にしたがって子どもたちを扱ったという。一方父親は,家族から手を引いていて,幼い頃彼が助けを求めて父親に頼る一時的な試みをしたことに対して不十分な情緒的栄養しか与えなかった。治療は親しく協同的な雰囲気ではじまった。私は,例えば,治療者への軽蔑的態度を発展させ,また治療者に虐待されていると感じるなどのように,分析的蜜月は長くは続かず,彼の私の態度に完全な変化がおこるはずだという事実に準備をしていた。しかし,最初,治療は穏やかな形で進み,彼は私に助けられているという肯定的な感情をもっており,分析状況

終章　こころが動く瞬間

外での彼の機能は大きく改善された。しかし，一年後，大きな変化が
生じた。私は休暇のために不在にしていた。その後，彼は頭痛につい
ての詳しい説明で分析の時間を満たすようになり，次第に，目覚めて
いるすべての間，頭のなかのこの感覚に対してますます混乱を感じる
ようになった。最初私は，私の休暇と彼の状態の変化との間に力動的
関係をつくろうという試みをしたが，その試みへの彼の反応は否定的
であった。そこで私は代わりの説明を提示した。私は，患者の状態が
悪くなることは彼の改善の重要な部分であること，また，彼が分析の
内外で世界との情緒的関わりにいっそう自分を開くようになったこ
と，さらに彼の増大する勇気と冒険心の結果，以前それから自分を保
護していた不安や緊張に自分をさらすことになるさまざまな課題に今
や面と向き合っていることを伝えた。最初，患者は私がいったことに
大変友好的に反応した。しかし，二，三セッション後には，彼はその
話題から顔をそむけ，そして私が彼を理解することができず彼を破滅
させるといって私を責めはじめた。彼の精神状態は驚くほど悪くなっ
た。彼は，とりわけ周囲の声の不快さ（金切り声，耳障りな声）に苦
痛を感じていた。そして，私が，治療をストップするのがよいのでは
ないか，鎮めるためには患者を他の人に送るのがよいのではないかと
率直に自問した瞬間，彼は疑い深い考えを抱き，私にそのことを語っ
ただけでなく，彼の家のテレビの音が金切り声になったと信じこみ，
実際それを修理工場にもっていったのであった。

（Kohut, 1984 吉井訳 1995，筆者による要約）

　まず，この患者の愛着パターンを検討する。彼の母親は宗教に夢中
になっており，父親は家族から手を引いていたことから，両親からの
彼への情緒的な関わりは乏しかったことがうかがえる。彼は，両親を
信頼できる存在としては認識していなかったのであろう。彼の主な訴
えは「非現実的であるという慢性の苦痛」であり，現実に根差した実
感を得られていないようである。これらから，彼の愛着パターンは，

205

他者の重要性を否定し，やや誇大的な自己像をもつ軽視型に相当すると考えられる。分析者がこれまでの治療歴から患者との関係が難しくなることを予期していても，分析初期には，患者は分析者を肯定的に捉えていた。このことも患者が否定的な面をみないようにする軽視型の特徴をもっていることをあらわしている。

　患者の愛着パターンを軽視型と理解し，本書で示されたことを考慮に入れつつ，治療開始一年以降におけるクライエントの体験を明らかにすることを試みたい。分析者の休暇後に生じた頭痛の訴えと分析者の不在をむすびつけた解釈を患者が否定したのは，おそらく彼のなかで分析者を重要な対象とは認めたくないという無意識的な作用が働いており，患者は分析者の重要性を意識していなかったためであろう。だからこそ，彼には分析者の存在意義を強調するような解釈は響かなかったのではないだろうか。次に，分析者は，彼が外界に対して情緒的に開かれるようになったために，不安や緊張に直面していることを伝えたところ，彼は友好的な反応を示した。この理解は，誇大的な自己像にとどまることをやめ，現実的な感覚にふれるようになったことに伴う彼の苦痛に沿うものであった。しかし，その後，彼は分析者を強く非難するようになっていった。患者は，このとき，どのような体験をしていたのであろうか。このことに関連して，Kohut（1984 吉井訳 1995）は，「転移は，おこるべき場所でおこった，という以外の何ものでもない。つまり，嵐の前の静けさの間に，分析者と患者は共有の目標遂行において同盟をむすび，患者の心的外傷の過去をともに探究したのだった。しかし，その分析状況自体が心的外傷をおこした過去そのものになった」と述べている。治療開始から一年が経ち，分析者を責めるようになったことは，患者がようやく分析者を重要な他者として認識するようになったことをあらわしているとも理解できる。

終章　こころが動く瞬間

　さらに，Kohut（1984）は患者の理解について以下のように述べている。

　　最後になってわかったことなのだが，彼は，私が物事をもっぱら私の仕方ではなく彼の仕方でみるのを学ぶよう，主張していた。そして私のしたすべての解釈のさまざまな解釈の内容は認知的には正しかったが，決定的な方向性において不完全だった。彼は実際，私が不在であったことに反応していたのだった。しかし，私がそのときわからなかったことは，患者がこのような私の説明を単に外側から来るとしか感じることができなかったために，さらに外傷体験を加えると感じていたことだった。つまり，彼が感じていたことを私が十分に感じていなかったこと，私は彼に言葉を与えたものの真の理解を与えなかったこと，それによって私が彼の人生初期の本質的な外傷体験をくりかえさせた。　　　　　　　Kohut（1984 吉井訳 1995，筆者による要約）

　Kohut（1984）の理解にしたがえば，分析者が患者に対して行った二つの解釈はどちらも「認知的には正しかった」が，彼にとっては不十分なものであり，彼には，分析者の言葉は「外側から来る」と感じられた。それは，彼が懸命にもがき苦しみながらも，変容しようとしていることを，セラピストが体感的に理解していたとは彼には思えなかったからである。セラピストは，現実的な感覚に開かれてセラピストを重要な存在として認識しようとする彼の苦しさをともに味わおうとするよりも，より「正しい」解釈を探していた。それによって彼の精神状態は著しく悪化し，彼は分析者を徹底的に攻撃するようになったと言える。そのとき，分析者は，過去の分析者と同じく，彼の治療を終わらせ，彼を別の治療者に任せようという気持ちを抱いた。その気持ちに反応した患者はテレビが金切り声を発するようになったと思

207

い，テレビを修理工場にもっていった。彼の行動化は妄想によるものとも理解できるが，そこには，分析者が発する言葉は「外側から聞こえる金切り声」ではなく，「内側から聞こえる意味ある声」であってほしいという切なる思いが込められていたのではないだろうか。

Kohut（1984）の「自己愛パーソナリティの症例」を愛着理論から検討することで，患者は軽視型に相当し，本書で示された仮説をもとに彼への理解を深めることができた。しかし，患者のこころが動くためには，彼の体験を適切に理解し，それを伝えるだけでは十分ではなかったこともあわせて明らかになったと言える。つまり，なんとか変わろうとしていることに伴う苦痛を患者とともに実感しようとするセラピストの存在をクライエントが迫真性をもって体験することは，本症例のような軽視型クライエント，特にパーソナリティ障害圏のクライエントにとって非常に難しいと同時に，そのことが心理療法において非常に重要な意味をもつものと考えられる。

Balint（1968）と Kohut（1984）による二症例の愛着理論にもとづいた検討から，心理療法の治療的展開においては，セラピストがクライエントの体験を適切に理解し，それを伝えることだけでなく，クライエントがセラピストを，自らの可能性を信頼し，変わろうとしていることに伴う苦痛をともに実感しようとしてくれる存在として迫真性をもって体験することが重要になると言える。

④ こころを動かす「何か」

ここで，本書全体を通して，心理療法でどのようなことが体験され，目指されるのかについて総合的に考察したい。

第1節で各愛着パターンをもつクライエントの体験に関する仮説を
まとめたが，それらはクライエント理解に役立つ。しかし，心理療法
が展開していくと，クライエントの体験も絶えず変化していく。本書
による検討からは，各愛着パターンをもつクライエントとの心理療法
で目指される体験は端的には次のようになる。安定型クライエントは，
これまで用いてきた適応的な方略では立ち行かなくなったときに，そ
の苦しさを汲みとってもらい，助けてもらう感覚を抱くこと。軽視型
クライエントは，誇大的な自己像が崩れるなかで予測不可能な側面を
もつ情緒や他者との関係を受け入れ，それらをある程度心地よいもの
として体験すること。とらわれ型クライエントは，混然一体とした情
緒や他者との関係から，まとまった理解や自己があらわれてくると実
感すること。おそれ型クライエントは，他者とともにいるなかでも自
らの本来的な姿をあらわしてもよいと感じること。これらの体験は，
各愛着パターンをもつクライエントには大きな苦痛となるために，避
けられてきたことでもある。それにもかかわらず，心理療法において
そうした体験が可能となりえるのは，セラピストの存在によるところ
が大きい。前節で示したように，セラピストにとって，起こっている
転移を理解し，クライエントの体験を適切に伝えていくことに加え，
彼らの変容可能性を信じ，これまでとは違った体験をしている彼らと
その苦痛をともに味わおうとすることが重要になる。クライエントの
こころを動かすのは，「変わらない」クライエントと「変わっていく」
クライエントの両方を含みこんで一人のクライエントとして理解し，
関わろうとし続けるセラピストの存在そのものであろう。
　心理療法と愛着理論の接点において，各愛着パターンをもつクライ
エントがどのような体験をしやすいかに関する仮説を見いだすことが
でき，さらにセラピストがクライエントの可能性を信頼し，変容して

いくことへの苦痛を彼らとともに実感しようとする存在としてクライエントに迫真性をもって体験されること自体の重要性を発見することができた。転移関係と実在する関係のはざまに位置する，まさに間主観的なクライエント―セラピスト関係をクライエントが体験することの意義を愛着理論は力動的心理療法に示唆するのである。クライエントの転移を引き受けながらも，実際には他の何者でもないセラピストの存在そのものが，クライエントに本当の意味で認識されたとき，その関係のなかに立ち現れるこころは，これまでとは少し違ったものになっているのではないだろうか。

⑤ 到達不可能な体験に迫り続けること

　最後に，本書の課題と今後の展望を述べたい。本書は心理療法実践に資することを目指していたのにもかかわらず，先ほどの症例検討を除いて実際の心理療法事例を用いた検討がなされていないことが大きな課題として挙げられる。症例検討も二事例のみに依拠しているため，そこで考察されたことの妥当性についてはさらなる検証が必要である。第3章から第7章では，一般の大学生，大学院生を対象とした調査研究をもとにクライエント自身の視点から捉えられた体験を論じた。その際，心理療法の実践からできるだけ乖離しないように，筆者が日頃実践のなかで抱いている感覚と常に照合しながら考察することを意識した。それでも，実際に心理療法に訪れているわけではない方々への調査研究で得られた知見をそのまま心理療法の実践に適用することは難しい。本書でなされた研究は基礎的研究であると言えるため，今後，心理療法事例にもとづいた研究の積み重ねが必要になってくる。

第3章から第7章で述べた調査研究は，どれも大学生，大学院生を対象としていた。青年期は，これまで築いてきた自己や親子関係のあり方が揺らぎ，変化していく時期である（Erikson, 1959；Blos, 1967など）が，本書で取り上げた調査研究はどれも自己や親子関係の問題と関係しているため，調査協力者の青年期特有の特徴が結果に影響を与えていた可能性も十分ある。一つ目に挙げた課題とあわせて，本書で得られた知見の一般化可能性については慎重に吟味する必要がある。

　本書では，愛着パターンとして Bartholomew & Horowitz, (1991) によって提唱された4分類を採用して検討を行った。おそれ型は，AAIによる分類には存在しないが，本書による検討では，クライエントの体験に関して他のパターンとは異なる特徴を示した。おそれ型独自の特徴や，おそれ型を独立した愛着パターンとして捉える臨床的な意義については，今後も検討していくことが大切になる。さらに，本書では，未解決 / 無秩序型といった愛着の組織化がなされていない愛着パターンを扱うことができなかった。未解決 / 無秩序型は，虐待などの心的外傷を受けている場合が多く，解離性障害や境界性人格障害との関連が指摘されている（Dozier, 1999）ように，心理療法の実践を考えるうえで重要な意義をもっている。組織化されていない愛着パターンと心理療法における体験の関連も今後明らかにしていくことが大切であろう。

　本書では，クライエントの愛着パターンに焦点を当てて探究を進めてきた。しかし，これまでも強調してきたように，クライエントの体験は，クライエントとセラピストが相互に関わりあうなかで生じてくるものであるため，セラピストの愛着パターンとも密接に関連していることが想定される。第2章で概観したように，クライエントの愛着

パターンと心理療法の関連についての研究においては，クライエント
とセラピストの愛着パターンの相互作用を検討しているものもみられ
たが，クライエントの体験に関しても，セラピストの愛着パターンや，
クライエントとセラピストの愛着パターンの相互作用を考慮に入れて
研究していくことが望まれる。

　これまで体験を「当人が実在する外界と関わるなかでその場を意味
づけし，迫真性をもって感じること」と定義し，その様相を検討して
きた。しかし，「迫真性をもって」が意味するところについてはもう
少し慎重に吟味する必要があった。各調査研究では，調査協力者が報
告した内容をそのまま体験として理解したが，果たしてそれが真に迫
真性をもったものであったか，もしくは表面的に調査者に伝えただけ
のものであったかを弁別することはできなかった。第2章では，AAI
や質問紙など愛着パターンの測定法によって捉えている概念や行われ
ている操作が異なることを指摘したが，体験に関しても，扱っている
範囲を明確にしたうえで探究していくことが大切になるであろう。今
後，投影法などを用いながら，より深いレベルの体験を明らかにする
ことも射程に入れて検討を進めていきたい。

　本書はクライエント自身の視点にもとづいた体験に着目してきたた
め，それぞれの調査研究では調査協力者自身の視点から描かれた体験
を捉えるようなアプローチをとってきた。しかし，本章における症例
検討も含めて，客観的な考察を試みると，検討された内容は主観的な
体験そのものというよりも，「当人の外側の視点から理解された当人
の主観的な体験」となっていたようであった。これは，個人の主観的
な体験は，他者が理解しようとすると厳密な意味でのそれではなく
なってしまうことをあらわしているとも考えられる。ただ，心理療法
において，セラピストは，クライエントにとって絶対的な他者であり

212

ながらも，クライエント自身の体験をクライエントとともに見つめ，理解を深めていこうとする存在でもある。その意味で，セラピストに求められるのは，純粋なクライエントの主観的な体験を理解することというよりも，到達不可能であったとしても，クライエント自身の視点からどのような体験がなされているかについて迫ろうとし続ける姿勢なのではないだろうか。一方で，クライエント自身の視点にもとづいた体験にできるだけ接近しうる方法を常に模索していくこともあわせて必要になるだろう。

　ここまで述べてきたことは，本書の課題であるとともに将来的な発展可能性を秘めた今後の展望としても捉えることができる。本書は，いまだに隔たりの大きい力動的心理療法と愛着理論をつなぐことを目指し，クライエントに主観的に捉えられた体験について愛着理論にもとづいて論じてきた。本書を通じ，愛着理論はクライエントの体験を理解する鍵として機能することが明確になった。ただし，本書は，クライエントの体験に焦点をあてて愛着理論の観点からなされた研究の第一歩にすぎないため，今後も検討を重ねていくことこそが，力動的心理療法と愛着理論の間の隔たりを実際に埋めていく試みとなる。本書のむすびにおいて，以下のBowlby（1988）の言葉は，精神分析による愛着理論への批判に対する弁明としてというよりも，「reality」と「actuality」の不可分性を前提としたクライエントとセラピストの相互作用のなかから生まれてくるクライエントの体験について理解を深めていこうとする意義を示すものとして捉えることができるだろう。

　　精神分析家にとって，子どもが親から実際に扱われているやりかたを研究することは，子どもが親に対してもっている内的表象（internal representations)[2] を研究するのと同じくらい必要なことである。事実，私たちの研究の主な焦点は親と子の相互作用であり，内的世界と外的世界との相互作用であるべきである。　　　　　　　　　　　　（Bowlby, 1988）

---

2)　ここでの「内的表象」は，前後の文脈から，「内的世界」（internal world）と同義であると考えられる。

引用文献

Ad de Veries. (1974). Dictionary of symbols and imagery. Amsterdam: North-Holland Publishing Company. (山下主一郎（主幹）(1984). イメージシンボル事典 大修館書店.）

Ainsworth, M. D. S., Blehar, M. C., Waters, E., & Wall, S. (1978). *Patterns of attachment.: A psychological study of the strange situation.* Hillsdale: Lawrence Erlbaum Associates.

Ainsworth, M. D. S., & Wittig, B, A. (1969). Attachment and the exploratory behavior of one-year-olds in Strange Situation. In B. M. Foss (Ed.). *Determinants of infant behavior (Vol. 4).* London: Methuen, pp. 113-136.

Altschul, S. (1984). Attachment and loss, Vol. 3. loss, sadness and depression: By John Bowlby. Basic Books, 1980, 472 pp., $22.50. *Journal of the American Psychoanalytic Association*, **32**, 216-218.

Balint, M. (1968). *The basic fault: Therapeutic aspects of regression.* Evanston: Northwestern University Press. (中井久夫（訳）(1978). 治療論からみた退行 ── 基底欠損の精神分析. 金剛出版.）

Bartholomew, K., & Horowitz, L. M. (1991). Attachment styles among young adults: A test of a four-category model. *Journal of Personality and Social Psychology*, **61**(2), 226-244.

Bateman, A., & Fonagy, P. (2004). *Psychotherapy for borderline personality disorder: mentalization-based treatment.* Oxford: Oxford University Press. (狩野力八郎・白波瀬丈一郎（監訳）(2008). メンタライゼーションと境界パーソナリティ障害 ── MBT が拓く精神分析的精神療法の新たな展開. 岩崎学術出版社.）

Beebe, B., Knoblauch, S., Rustin, J., & Sorter, D. (2005). *Forms of intersubjectivity in infant research and adult treatment.* New York: Other Press.

Bernecker, S. L., Levy, K. N., & Ellison, W. D. (2014). A meta-analysis of the relation between patient adult attachment style and the working alliance. *Psychotherapy Research*, **24**(1), 12-24.

Blatt, S. J., Chevron, S. E., Quinlan, D. M., Schaffer, C.E., & Wein, S. (1992). *The assessment of qualitative and structural dimensions of object representation.* Yale University, Unpublished manuscript.

Blos, P. (1967). *On adolescence.* New York: Free Press.

Bookwala, J., & Zdaniuk, B. (1998). Relationships adult attachment styles and aggressive behavior. *Journal of Social and Personal Relationships*, **15**(2), 175-190.

Bowlby, J. (1940). The influence of early environment in the development of neurosis and neurotic character. *International Journal of Psycho-Analysis*, **21**, 154-178.

Bowlby, J. (1944). Forty-four juvenile thieves.: Their characters and home-life. *International Journal of Psycho-Analysis*, **25**, 19-53.

Bowlby, J. (1951). *Maternal care and mental health*. Ganeva: WHO Monograph. (黒田実郎（訳）(1967). 乳幼児の精神衛生. 岩崎学術出版社.）

Bowlby, J. (1969). *Attachment and loss, vol. 1 Attachment*. New York: Basic Books.

Bowlby, J. (1973). *Attachment and loss, vol. 2: Separation: Anxiety and anger*. New York: Basic Books. (黒田実郎・岡田洋子・吉田恒子（訳）(1991). 新版 母子関係の理論Ⅱ：分離不安. 岩崎学術出版社.）

Bowlby, J. (1979). *The making and breaking of affectional bonds*. London: Routledge.

Bowlby, J. (1980). *Attachment and loss, vol. 3: Sadness and depression*. New York: Basic Books.

Bowlby, J. (1988). *A secure base. Clinical applications of attachment theory*. London: Routledge. (二木武（監訳）庄司順一（訳者代表）(1993). ボウルビイ 母と子の愛着 心の安全基地. 医歯薬出版株式会社.）

Brennan, K. A., Clark, C. L., & Shaver, P. R. (1998). Self-report measurement of adult attachment: An integrative overview. In J. A. Simpson, & W. S. Rholes (Eds.). *Attachment theory and close relationships*. New York: Guilford Press, pp. 46-76.

Bretherton, I. (1990). Communication patterns, internal working models, and the intergenerational transmission of attachment relationships. *Infant Mental Health Journal*, **11**(3), 237-252.

Bretherton, I., & Munholland, K. A. (1999). Internal working models in attachment relationships: Elaborating a central construct in attachment theory. In J. Cassidy, & P. R. Shaver (Eds.). *Handbook of attachment-theory, research, and clinical applications*. New York: Guilford Press, pp. 89-111.

Bushnell, I. W. R., Sai, F., & Mullin, J. T. (1989). Neonatal recognition of the mother's face. *British Journal of Developmental Psychology*, **7**(1), 3-15.

Carnelley, K. B., Pietromonaco, P. R., & Jaffe, K. (1994). Depression, working models of others, and relationship functioning. *Journal of Personality and Social Psychology*, **66**(1), 127-140.

Cassidy, J. (1994). Emotion regulation: Influences of attachment relationships.

Monographs of the Society for Research in Child Development, **59**(2-3), 228-249.
Collins, N. L. & Read, S. J. (1990). Adult attachment, working models, and relationship quality in dating couples. *Journal of Personality and Social Psychology*, **58**(4), 644-663.
Crowell, J. A., Fraley, R. C., & Shaver, P. R. (1999a). Measurement of individual differences in adolescent and adult attachment. In J. Cassidy, & P. R. Shaver (Eds.). *Handbook of attachment theory, research, and clinical applications.* New York: Guilford Press, pp. 434-468.
Crowell, J. A., Treboux, D., & Waters, E. (1999b). The adult attachment interview and the relationship questionnaire: Relations to reports of mothers and partners. *Personal Relationships*, **6**(1), 1-18.
Daniel, S., I., F. (2006). Adult attachment patterns and individual psychotherapy: A review. *Clinical Psychology Review*, **26**(8), 968-984.
Diamond, D., Stovall-McClough, C., Clarkin, J. F., & Levy, K. N. (2003). Patient-therapist attachment in the treatment of borderline personality disorder. *Bulletin of the Menninger Clinic*, **67**(3), 227-259.
Diener, M. J., & Monroe, J. M. (2011). The relationship between adult attachment style and therapeutic alliance in individual psychotherapy: A meta-analytic review. *Psychotherapy*, **48**(3), 237-248.
Dozier, M. (1990). Attachment organization and treatment use for adults with serious psychopathological disorders. *Development and Psychopathology*, **2**(1), 47-60.
Dozier, M., Cue, K. L., Barnett, L. (1994). Clinicians as caregivers: Role of attachment organization in treatment. *Journal of Consulting and Clinical Psychology*, **62**(4), 793-800.
Dozier, M., Stovall, K. C., & Albus, K. E. (1999). Attachment and psychopathology in adulthood. In J. Cassidy, & P. R. Shaver (Eds.). *Handbook of attachment theory, research, and clinical applications.* New York: Guilford Press, pp. 497-519.
Egeland, B., & Sroufe, L, A. (1981). Attachment and early maltreatment. *Child Development*, **52**(1), 44-52.
Engel, G, L. (1971). Attachment behaviour, object relations and the dynamic-economic points of view: Critical review of Bowlby's attachment and loss. *International Journal of Psycho-Analysis*, **52**(2), 183-196.
Erikson, E. H. (1959). *Identity and the life cycle. Psychological issue No. 1, monograph.* New York: International Universities Press.

Fonagy, P., Leigh, T., Steele, M., Steele, H., Kennedy, R, Mattoon, G., Target, M, & Gerber, A. (1996). The relation of attachment status, psychiatric classification, and response to psychotherapy. *Journal of Consulting and Clinical Psychology*, **64**(1), 22–31.

Fonagy, P., Steele, M., Steele, H., Leigh, T., Kennedy, R., Mattoon, G., & Target, M. (1995). Attachment, the reflective self, and borderline states: The predictive specificity of the Adult Attachment Interview and pathological emotional development. In S. Goldberg, R. Muir, & J. Kerr (Eds.). *Attachment theory: Social, developmental, and clinical perspectives*. Hillsdale: Analytic Press, pp. 233–278.

Fonagy, P., Steele, M., Steele, H., Moran, G. S., & Higgitt, A. C. (1991). The capacity for understanding mental states: The reflective self in parent and child and its significance for security of attachment. *Infant Mental Health Journal*, **12**(3), 201–218.

Fraley, R. C., & Brumbaugh, C. C. (2004). A dynamical systems approach to understanding stability and change in attachment security. In W. S. Rholes, & J. A. Simpson (Eds.). Adult attachment: Theory, research, and clinical implications. New York: Guilford Press pp. 86–132.

Freud, A. (1960). Discussion of Dr. John Bowlby's paper. *Psychoanalytic Study of the Child*, **15**, 53–62.

Freud, S. (1895). The psychotherapy of hysteria. In Breuer, J. &Freud, S. (1893–1895). Studies on hysteria. *The Standard Edition of the Complete Psychological Works of Sigmund Freud volumes 2* London: The Hogarth Press, pp. 253–306.

Freud, S. (1900). The interpretation of dreams I - II. The Standard Edition of the Complete Psychological Works of Sigmund Freud volumes 4–5. The Hogarth Press.

Freud, S. (1905). Fragment of an Analysis of a Case of Hysteria. The Standard Edition of the Complete Psychological Works of Sigmund Freud volmes 7. London: The Hogarth Press pp. 1–122. (渡邉俊之・草野シュワルツ美穂子（訳）(2009). あるヒステリー分析の断片. フロイト全集6. 岩波書店, pp. 1–161.)

Freud, S. (1923). The Ego and the Id. The Standard Edition of the Complete Psychological Works of Sigmund Freud volumes 19. London: The Hogarth Press.

古田雅明 (2003). さまざまな視座からのコメントⅡ：クライエントとして. 倉光修・宮本友弘（編）. マルチメディアで学ぶ臨床心理面接. 誠信書房. pp. 91–

118.
古田雅明・倉光修・乾吉佑・宮本友弘 (2003). 面接の実際. 倉光修・宮本友弘 (編). マルチメディアで学ぶ臨床心理面接. 誠信書房, pp. 31-75.
Gittleman, M. G., Klein, M. H., Smider, N. A., & Essex, M. J. (1998). Recollections of parental behaviour, adult attachment and mental health: mediating and moderating effects. *Psychological Medicine*, **28**(5), 1443-1455.
Greenberg, M. (1999). Attachment and psychopathology in childhood. In J. Cassidy, & P. R. Shaver (Eds.). *Handbook of attachment-theory, research, and clinical applications*. New York: Guilford Press, pp. 469-496.
Hanly, C. (1978). A critical consideration of Bowlby's ethological theory of anxiety. *Psychoanalytic Quarterly*, **47**(3), 364-380.
Hartmann, H. (1939). Psycho-analysis and the concept of health. *The International Journal of Psycho-Analysis*, **20**, 308-321.
Hardy, G.E., Aldridge, J., Davidson, C., Rowe, C., Reilly, S., & Shapiro, D. A. (1999). Therapist responsiveness to client attachment styles and issues observed in client-identified significant events in psychodynamic-interpersonal psychotherapy. *Psychotherapy Research*, **9**(1), 36-53.
Hazan, C., & Shaver, P. R. (1987). Romantic love conceptualized as an attachment process. *Journal of Personality and Social Psychology*, **52**(3), 511-524.
Hazan, C., & Zeifman, D. (1994). Sex and the psychological tether. In K. Bartholomew, & Perlman, D. (Eds.). *Attachment processes in adulthood.: Advances in personal relationships, Vol. 5*. London: Jessica Kingsley, pp. 151-178.
Hesse, E. (1999). The adult attachment interview: Historical and current perspectives. In J. Cassidy, & P. R. Shaver (Eds.). *Handbook of attachment theory, research, and clinical applications*. New York: Guilford Press, pp. 395-433.
樋口耕一 (2011). 現代における全国紙の内容分析の有効性. —— 社会意識の探索はどこまで可能か. 行動計量学, **8**(1), 1-12.
樋口耕一 (2014). KH Coder 2.x リファレンス・マニュアル. 2014年8月7日〈http://khc.sourceforge.net/dl.html〉(2014年9月28日)
廣松渉・子安宣邦・三島憲一・宮本久雄・佐々木力・野家啓一・末木文美士 (編) (1998). 哲学・思想事典. 岩波書店.
Holmes, J. (1993). *John Bowlby & Attachment theory*. London: Routledge. (黒田実郎・黒田聖一 (訳) (1996). ボウルビイと愛着理論. 岩崎学術出版社.)

Holmes, J. (1998). Defensive and creative uses of narrative in psychotherapy: An attachment perspective. In G. Roberts, & J. Holmes (Eds.). *Narrative in psychotherapy and psychiatry*. Oxford: Oxford University Press, pp. 49–68.

Horvath, A. O., Del Re, A. C., Flückiger, C., & Symonds, D. (2011). Alliance in individual psychotherapy. *Psychotherapy*, **48**(1), 9–16.

池田暁史 (2010). フォナギーとメンタライゼーション. 妙木浩之 (編). 自我心理学の新展開 フロイト以後, 米国の精神分析. ぎょうせい, pp. 83–96.

乾吉佑 (2009). 思春期・青年期への精神分析的アプローチ ── 出会いと心理臨床. 遠見書房.

Jacobvitz, D., Curran, M., & Moller, N. (2002). Measurement of adult attachment: The place of self-report and interview methodologies. *Attachment and Human Development*, **4**(2), 207–215.

Jacobs, T. J. (2005). Discussion of forms of intersubjectivity in infant research and adult treatment. In B. Beebe, S. Knoblauch, J. Rustin, & D. Sorter (Eds.). *Forms of intersubjectivity in infant research and adult treatment*. New York: Other Press. (吾妻壮 (訳) (2008). 『乳児研究から大人の精神療法へ：間主観性さまざま』についての考察. 丸太俊彦 (監訳). 乳児研究から大人の精神療法へ ── 間主観性さまざま. 岩崎学術出版社, pp. 175–200.)

James, W. (1890). *The principles of psychology*. New York: Henry Holt.

神田橋條治 (1990). 精神療法面接のコツ. 岩崎学術出版社.

Kant, I. (1787). Kritik der reinen Vernuft. (天野貞祐 (訳) (1937). 純粋理性批判. 岩波書店.)

加藤和生 (1998). Bartholomew らの4分類成人愛着尺度 (RQ) の日本語版の作成. 認知・体験過程研究, **7**, 41–50.

河合隼雄 (1994). 河合隼雄著作集1ユング心理学入門. 岩波書店.

川端亮・樋口耕一 (2003). インターネットに対する人々の意識 ── 自由回答の分析から. 大阪大学大学院人間科学研究科紀要, **29**, 163–181.

Kennedy, J. H. (1999). Romantic attachment style and ego identity, attributional style, and family of origin in first-year college students. *College Student Journal*, **33**(2), 171–180.

木下康仁 (2003). グラウンデッド・セオリー・アプローチの実践 ── 質的研究への誘い. 弘文社.

北村実 (1986). 物・形式・内容. 哲学, **36**, 36–47.

北山修 (1993). 言葉の橋渡し機能 ── およびその壁. 岩崎学術出版社.

引用文献

Kobak R. R. (1989). *The attachment interview Q-set.* Unpublished manuscript, University of Delaware.

Kobak, P. R., & Sceery, A. (1988). Attachment in late adolescence: Working models, affect regulation, and representations of self and others. *Child development*, **59**(1), 135-146.

小林朋子・櫻田智子（2012）．災害を体験した中学生の心理的変化 ── 中越大震災1ヶ月後の作文の質的変化より．教育心理学研究，**60**(4)，430-442.

Kohut, H. (1959). Introspection, empathy, and psychoanalysis: An examination of the relationship between mode of observation and theory. *Journal of the American Psychoanalytic Association*, **7**(3), 459-483.

Kohut, H. (1971). *The analysis of the self: A systematic approach to the psychoanalytic treatment of narcissistic personality disorders.* New York: International Universities Press.

Kohut, H. (1984). *How does analysis cure?* Chicago: The University of Chicago Press. （本城秀次・笠原嘉（監訳）（1995）．自己の治癒．みすず書房．）

Korfmacher, J., Adam, E., Ogawa, J., & Egeland, B. (1997). Adult attachment: Implications for the therapeutic process in a home visitation intervention. *Applied Developmental Science*, **1**(1), 43-52.

工藤晋平（2004）．「見立て」における成人愛着スタイルの利用とそのアセスメント ── 語りおよび治療者の情緒的反応から見た特徴．心理臨床学研究，**22**(4)，406-416.

工藤晋平（2006）．おそれ型の愛着スタイルにおける攻撃性の抑圧 ── P-Fスタディを用いた検討．パーソナリティ研究，**14**(2)，161-170.

Kuhn, M. H., & Mcpartland, T. S. (1954). An empirical investigation of self-attitudes. *American Sociological Review*, **19**(1), 68-76.

Levy, K. N., Blatt, S. J. & Shaver, P. R. (1998). Attachment styles and parental representations. *Journal of Personality and Social Psychology*, **74**(2), 407-419.

Levy, K. N., Ellison, W. D., Scott, L. N., & Bernecker, S. L. (2011). Attachment style. *Journal of Clinical Psychology*, **67**(2), 193-203.

Levy, K. N, Meehan, K. B., Kelly, K. M., Reynoso, J. S., Weber, M., Clarkin, J.F., & Kernberg, O. F. (2006). Change in attachment patterns and reflective function in a randomized control trial of transference-focused psychotherapy for borderline personality disorder. *Journal of Consulting and Clinical Psychology*, **74**(6), 1027-1040.

Lilleskov, R. (1992). Attachment in the preschool years: Theory, research and intervention: Edited by Mark T. Greenberg, Dante Cicchetti, & E. Mark Cummings. Chicago and London: The University of Chicago Press. 1990. Pp. 507. *International Review of Psycho-Analysis*, **19**, 126-129.

Lorenz, K. Z. (1935). *Der Kumpan in der Umvelt des Vogels*. In C. H. Schiller (Ed. & trans.). *Instinctive behabior*. Madison: International Universities Press.

Luke, M. A., Maio, G. R., & Carnelley, K. B. (2004). Attachment models of the self and others: Relations with self-esteem, humanity-esteem, and parental treatment. *Personal Relationships*, **11**(3), 281-303.

Mahler, M. S., Pine, F., & Bergman, A. (1975). *The psychological birth of human infant*. New York: Basic Books.

Main, M, & Goldwyn, R. (1984). *Adult attachment scoring and classification system*. University of California, Unpublished manuscript.

Main, M., & Solomon, J. (1990). 4 Procedures for identifying infants as disorganized/disoriented during the Ainsworth Strange Situation In M. Greenberg, D. Cicchetti, & E. M. Cummings (Eds.). *Attachment during the preschool years: Theory, research, and intervention*. Chicago: University of Chicago Press, pp. 121-160.

Marsh, H. W., & Hattie, J. (1995). Theoretical perspectives on the structure of self-concept. In B. A. Bracken (Ed.). *Handbook of self-concept: developmental, social, and clinical considerations*. New Jersey: Wiley, pp. 38-90.

松下姫歌・岡林睦美 (2009). 青年期における愛着スタイルと母子イメージとの関連 ── 質問紙と母子画を用いての検討. 広島大学心理学研究 **9**, 191-206.

McGuire, W. J., McGuire, C. V., & Winton, W. (1979). Effects of household sex composition on the salience of one's gender in the spontaneous self-concept. *Journal of Experimental Social Psychology*, **15**(1), 77-90.

McGuire, W. J., & Padawer-Singer, A. (1976). Trait salience in the spontaneous self-concept. *Journal of Personality and Social Psychology*, **33**(6), 743-754.

Meltzoff, A. N., & Moore, M. K. (1977). Imitation of facial and manual gestures by human neonates. *Science*, **198**(4312), 75-78.

三上謙一 (2009). 安全基地を確立するためのセラピストの機能について ── アルコール依存症の父親をもつ女子大学生への愛着理論によるアプローチ. 心理臨床学研究, **27**(5), 591-602.

三上謙一 (2013). 愛着理論から見た心理療法の行き詰まりとその回復過程 ── 逆転移としてのセラピストの眠気の意味. 心理臨床学研究, **31**(1), 33-48.

Mikulincer, M. (1995). Attachment style and the mental representation of the self. *Journal of Personality and Social Psychology*, **69**(6), 1203–1215.

Mikulincer, M. (1998). Adult attachment style and individual differences in functional versus dysfunctional experiences of anger. *Journal of Personality and Social Psychology*, **74**(2), 513–524.

Mikulincer, M., & Horesh, N. (1999). Adult attachment style and the perception of others: The role of projective. *Journal of Personality and Social Psychology*, **76**(6), 1022–1034.

Mikulincer, M., & Shaver, P. R. (2007). *Attachment in adulthood: Structure, dynamics, and change*. New York: Guilford Press.

森さち子 (2010). かかわり合いの心理臨床 ── 体験すること・言葉にすることの精神分析. 誠信書房.

中尾達馬・加藤和生 (2003). 成人愛着スタイル尺度間にはどのような関連があるのだろうか？ ── 4 カテゴリー（強制選択式，多項目式）と 3 カテゴリー（多項目式）との対応性. 九州大学心理学研究, **4**, 57–66.

中尾達馬・加藤和生 (2004). "一般他者"を想定した愛着スタイル尺度の信頼性と妥当性の検討. 九州大学心理学研究, **5**, 19–27.

大山泰宏 (2009). 心理臨床関係における新たな身体論へ. 伊藤良子・大山泰宏・角野善宏（編）. 京大心理臨床シリーズ 9　心理臨床関係における身体. 創元社.

Priel, B. & Besser, A. (2001). Bridging the gap between attachment and object relatons theories: A study of the transition to motherhood. *British Journal of Medical Psychology*, **74**(1), 85–100.

Roiphe, R. (1976). Attachment and loss, Volume II. Separation. Anxiety and Anger: By John Bowlby. New York: Basic Books, Inc., 1973. 444 pp. *Psychoanalytic Quarterly*, **45**, 307–309.

Rubino, G., Barker, C., Roth, T., & Fearon, P. (2000). Therapist empathy and depth of interpretation in response to potential alliance ruptures: the role of therapist and patient attachment styles. *Psychotherapy Research*, **10**(4), 408–420.

坂上裕子 (2005). 愛着の発達を支える内的作業モデル. 数井みゆき・遠藤利彦（編）. 愛着生涯にわたる絆. ミネルヴァ書房, pp. 32–48.

佐藤徳 (1998). 内的作業モデルと防衛的情報処理. 心理学評論, **41**(1), 30–56.

Sauer, E. M., Anderson, M. Z., Gormley, B., Richmond, C. J., & Preacco, L. (2010). Client attachment orientations, working alliances, and responses to therapy: A psychology training clinic study. *Psychotherapy Research*, **20**(6), 702–711.

Saypol, E., & Farber, B. A. (2010). Attachment style and patient disclosure in psychotherapy. *Psychotherapy Research*, **20**(4), 462-471.

Schur, M. (1960). Discussion of Dr. John Bowlby's paper. *Psychoanalytic Study of the Child*, **15**, 63-84.

Shaver, P. R., & Mikulincer, M. (2004). What do self-report attachment measures assess? In W. S. Rholes, & J. A. Simpson (Eds). *Adult attachment: Theory, research, and clinical implications*. New York: Guilford Press, pp. 17-54.

Shore, A. N. (2001). Effects of a secure attachment relationship on right brain development, affect regulation, and infant mental health. *Infant Mental Health Journal*, **22**(1-2), 7-66.

Simpson, J. A. (1999). Attachment theory in modern evolutionary perspective. In J. Cassidy, & P. R. Shaver (Eds.). *Handbook of attachment-theory, research, and clinical applications*. New York: Guilford Press, pp. 115-140.

Simpson J. A., & Rholes, W. (2002). Fearful-avoidance, disorganization, and multiple working models: Some directions for future theory and research. *Attachment & Human Development*, **4**(2), 223-229.

Slade, A. (1999). Attachment theory and research: Implications for the theory and practice of individual psychotherapy with adults. In J. Cassidy, & P. R. Shaver (Eds.). *Handbook of attachment-theory, research, and clinical applications*. New York: Guilford Press, pp. 575-579.

Spitz, R. A. (1960). Discussion of Dr. Bowlby's paper. *Psychoanalytic Study of the Child*, **15**, 85-94.

Spitz, R. A. (1945). Hospitalism: An inquiry into the genesis of psychiatric conditions in early childhood. *The Psychoanalytic study of the child*, **1**, 53-74.

Stern, D. N. (1985). *The interpersonal world of the infant: A view from psychoanalysis and developmental psychology*. New York: Basic Books. (小此木圭吾・丸太俊彦 (監訳)（1989）. 乳児の対人世界 —— 理論編. 岩崎学術出版社.)

Stolorow, R. D., & Atwood, G. E. (1984). *Structures of subjectivity*. Hillsdale, N.J., The Analytic Press.

Stolorow, R. D., Brandchaft, B., & Atwood, G. E. (1987). *Psychoanalytic treatment: An intersubjective approach*. Hillsdale, N.J., The Analytic Press.

Stovall-McClough, K. C., & Cloitre, M. (2003). Reorganization of unresolved childhood traumatic memories following exposure therapy. *Annals of the New York Academy of Sciences*, **1008**, 1-3.

Sullivan, H, S. (1954). *The psychiatric interview*. New York: W. W. Norton & Company.（中井久夫・松川周悟・秋山剛・宮崎隆吉・野口昌也・山口直彦（共訳）(1986)．精神医学的面接．みすず書房．)

鈴木孝夫 (1973)．ことばと文化．岩波新書.

鈴木努 (2009)．ネットワーク分析．共立出版.

Szajnberg, N. M., & Crittenden, P. M. (1997). The transference refracted through the lens of attachment. *Journal of the American Academy of Psychoanalysis*, **25**(3), 409–438.

武田啓子・渡邉順子 (2012)．女性看護師の腰痛の有無と身体・心理・社会的姿勢に関連する因子とその様相．日本看護研究学会雑誌，**35**(2)，113–122.

The Boston change process study group (2010). *Change in psychotherapy: A unifying paradigm*. New York: W. W. Norton & Company.（丸田俊彦（訳）(2011)．解釈を越えて —— サイコセラピーにおける治療的変化プロセス．岩崎学術出版社．)

Travis, L. A., Bliwise, N. G., Binder, J. L., & Horne-Moyer, H. L. (2001). Changes in clients' attachment styles over the course of time-limited dynamic psychotherapy. *Psychotherapy*, **38**(2), 149–159.

Tyrrell, C. L, Dozier, M., Teague, G. B. & Fallot, R. D. (1999). Effective treatment relationships for persons with serious psychiatric disorders: The importance of attachment states of mind. *Journal of Consulting and Clinical Psychology*, **67**(5), 725–733.

van IJzendoorn (1995). Adult attachment representations, parental responsiveness, and infant attachment: A meta-analysis on the predictive validity of the Adult Attachment Interview. *Psychological Bulletin*, **117**(3), 387–403.

Wachtel, P. L. (2011). Therapeutic communication, second edition: Knowing what to say when. New York: Guilford Press.

Wallin, D. J. (2007). *Attachment in psychotherapy*. New York: Guilford Press.

Wu, C. (2009). The relationship between attachment style and self-concept clarity: The mediation effect of self-esteem. *Personality and Individual Differences*, **47**(1), 42–46.

山田ゆかり (1989)．青年期における自己概念の形成過程に関する研究 —— 20 答法での自己記述を手がかりとして．心理学研究，**60**(4)，245–252.

吉見摩耶・葛西真記子 (2009)．治療同盟と面接評価に影響を及ぼすクライエント側の要因 —— 内的作業モデルと認知反応評定を通して．心理臨床学研究，

27(1), 29-39.

鷲田清一 (2003). 臨床と言葉 ── 「語り」と「声」について. 河合隼雄・鷲田清一 臨床とことば ── 心理学と哲学のあわいに探る臨床の知. TBSブリタニカ, pp. 191-237.

あとがき

　本書は，2017年に京都大学に提出した博士論文をもとにしており，卒業論文を執筆して以来，現在までに私が取り組んできた研究の集大成になります。しかしながら，今の私には，本書は，これまでの研究から「明らかになったこと」を発表する機会というよりも，「なんとも捉えがたいが，何よりも奥深い人のこころ」をこれからも探索していく決意表明のようなものであるように感じられます。

　私は，人と人との関係において，人の気持ちが良くも悪くも大きく変わっていくことに興味を抱き，臨床心理学を学びたいと考えるようになりました。人と人の関係のなかで何が起こっていて，どのような変容が生じるのかという大きな問いは，現在も私の関心の中心にあります。

　しかし，大学4回生になりいざ研究をはじめると，関係性を探究する，理解するということは大変な困難であると気づくまでにそれほど時間はかかりませんでした。さらに大学院に入って心理療法の実践を行うようになると，その思いは一層強くなりました。関係性には様々な要素が複雑に絡み合っているのに加えて，それを深く捉えるには自らもその関係に入っていく必要があると痛感しました。そうした難しさがありながらも，目の前の人のこころにふれることができたと感じたときには，喜びをひそかに抱くとともに，その深遠さに身の引き締まる思いになりました。私は，関係性がもつ不可解さと大きな力の両方を常に感じながら，心理療法を実践し，研究してきたように思います。

　私は，卒業論文で扱うテーマを探すなかで愛着理論と出会いました。直観的に愛着理論は関係性を理解する鍵となるのではないかと思い，

現在まで研究を続けてまいりました。本書は，愛着理論を羅針盤に関係性と向き合って悪戦苦闘した私の道程でもあります。私の知識・経験不足から，先達の議論を正しく理解できていなかったり，的外れなことを述べていたりするところもあるかと存じます。読者の方々から忌憚のないご意見やご批判をいただけますと幸いです。

　本書を執筆するにあたり，本当に多くの方々に支えていただきました。ここにすべての方の名前を挙げることはかないませんが，それぞれの方に心より御礼申し上げます。
　何よりも本書の礎には，臨床の場でお会いしているクライエントの皆さまとの体験があります。深く感謝申し上げます。また，各調査研究に参加してくださった協力者の皆さまに厚く御礼申し上げます。
　博士論文の主査である放送大学教養学部の大山泰宏教授には，卒業論文執筆時から一貫して，細やかにご指導していただきました。数多くのご助言や励ましをいただき，特に臨床的感覚と論理的思考を両立する大切さを教えていただきました。大山先生と過ごさせていただいた時間は，今後の私の拠り所となり続けると思います。深く感謝申し上げます。
　博士論文の副査である京都大学大学院教育学研究科の髙橋靖恵准教授にも，卒業論文執筆時から丁寧にご指導していただきました。いつも気にかけてくださり，たくさんのあたたかい励ましをいただきました。とりわけ，一つ一つの言葉を丁寧に拾い，クライエントを真摯に理解しようとする臨床の姿勢を学ばせていただきました。心より御礼申し上げます。
　同じく副査の京都大学大学院教育学研究科の岡野憲一郎教授には，主に精神分析についてご示唆をいただきました。目の前のクライエン

あとがき

トに資するためにできることを誠実に追求する重要性を教えていただきました。厚く御礼申し上げます。

博士論文の外部審査委員をお引き受けくださいました京都大学学際融合教育研究推進センターグローバル生存学大学院連携ユニットの工藤晋平特定准教授には，主に愛着理論について折々にご助言いただきました。先生にご指摘いただきました課題は，今後も検討し続けていく必要のあるものとして，私の心に残っております。深謝申し上げます。

京都大学大学院教育学研究科臨床心理学教室の他の先生方にも，多くのご指導をいただきました。授業や研究会などを通して先生方からいただいた多くのご示唆やコメントは，本書にも生きています。心より感謝申し上げます。

先輩，同級生，後輩といった研究室の仲間たちや様々な場所で出会った臨床現場に携わる方々との議論や励ましあいがあったからこそ，研究を続けることができ，本書をまとめることができました。誠にありがとうございました。

なお，本書は，京都大学総長裁量経費・若手研究者出版助成事業の支援を受けて出版されたものです。本書の出版にあたり，京都大学学術出版会編集長の鈴木哲也様，同編集部の永野祥子様には，大変お世話になりました。専門とは異なる視点から本書の構成や文章について多くのご助言をいただきました。深謝申し上げます。

最後に，これまでの歩みを支えてくれた家族，特にいつでもあたたかく応援してくれた母親に心より感謝いたします。

2017 年　師走

田附紘平

初出一覧

　本書は，以下の論文をもとに，大幅な加筆・修正を行ったものである。

　なお，本書の出版に際し，日本パーソナリティ心理学会および日本カウンセリング学会から当該論文の転載許可を得た。

第一章：

　田附紘平（2015）．心理臨床におけるアタッチメント理論の「現実性」の問題 ―― 精神分析との対比から．京都大学大学院教育学研究科紀要，**61**, 79-91.

第二章：

　田附紘平（2017）．クライエントのアタッチメントパターンと心理療法における内的体験 ―― 成人への個人心理療法に関する研究の概観を通して．京都大学大学院教育学研究科紀要，**63**, 67-79.

第三章：

　田附紘平（2015）．アタッチメントスタイルと自己イメージの関連 ―― 20答法による探索的検討．パーソナリティ研究，**23**(3), 180-192.

第四章：

　田附紘平（2017）．アタッチメントスタイルと親イメージの関連 ―― 20答法による探索的検討．パーソナリティ研究，**25**(3), 191-205.

第六章：

　田附紘平（2015）．アタッチメントスタイルによるセラピストへの感受の差異について ―― カウンセリング場面映像観察を通して．カウンセリング研究，**48**(3), 147-159.

索　引

■事項

【あ行】

愛情欠損　→ affectionless
愛着　3, 5
愛着回避型（SSP）　30
愛着軽視型（AAI）　30
愛着行動　3
愛着障害　5
愛着対象　19
　愛着対象に関するモデル　31
愛着パターン　29
愛着理論　4
安定　30
安定型（RQ および ECR）　32
エナクトメント　→ enactment
おそれ型（RQ および ECR）　32
親　89
　親イメージ　89
　母親　3

【か行】

解釈　5
外的現実　16
関係回避　32
関係不安　32
間主観的な精神分析　→精神分析
機能の全体的評定（GAF）　38
虐待　211
共起ネットワーク　63
クライエント　4
軽視型（RQ および ECR）　32
形式面　56
刻印づけ　14

言葉の内容　156
言葉のリズム・トーン　156

【さ行】

自我心理学　22
自己イメージ研究　55
自己観　31
自己心理学　23
自己に関するモデル　31
次数中心性　64
修正版グラウンデッド・セオリー・アプ
　ローチ　→ M-GTA
重要な他者　4
情緒的な関係　5
情動制御　20
情動調律　152
情報処理理論　24
自律 / 安定型（AAI）　30
新規蒔き直し　201
心的外傷　211
心的現実　17
親密性の回避　32
心理力動　5
心理療法　4
　心理療法の効果　35
　心理療法のプロセス　39
スキーマ　134
ストレンジ・シチュエーション法
　　　→ Strange Situation Procedure
成人愛着面接　→ Adult Attachment
　Interview
精神分析　5
　間主観的な精神分析　24

セラピスト　4
　　セラピストへの印象　159

【た行】

体験　24
　　体験プロセス　165
対人関係論　23
他者観　31
治療同盟　39
テキストマイニング　57
転移　4
投影　143
投影法　144
動作　153
とらわれ型（AAI）　30
とらわれ型（RQ および ECR）　32

【な行】

内的作業モデル　19
内的表象　134
内的プロセス　165
内容面　56
20 答法　58

【は行】

迫真性　18
母親　→親
半構造化面接　149
非言語的コミュニケーション　158
表情　150
不安 / アンビバレント型（SSP）　30
ボストン変化プロセス研究会　→ The
　　Boston Change Process Study Group
母性的養育　14

【ま行】

未解決 / 無秩序型（AAI）　30

見捨てられ不安　32
無秩序 / 無方向型（SSP）　30
メンタライゼーション　→ mentallization

【や行】

養育者　3
　　養育者との分離　14
　　養育者の喪失　14

【ら行】

力動的心理療法　4, 5

【A-Z】

AAIQ セット法　38
actuality　18
Adult Attachment Interview（成人愛着面接）
　　20
affectionless（愛情欠損）　13
The Boston Change Process Study Group（ボ
　　ストン変化プロセス研究会）　7
enactment（エナクトメント）　46
The Experiences in Close Relationships
　　Inventory　31
Jaccard 係数　64
KH Coder　60
mentallization（メンタライゼーション）
　　21
M‒GTA（修正版グラウンデッド・セオ
　　リー・アプローチ）　166
reality　18
Relationship Questionnaire　31
Strange Situation Procedure（ストレンジ・
　　シチュエーション法）　15

■人名

Balint, M.　201
Bowlby　3
Fonagy　36
Freud, A.　16
Freud, S.　5
Hartmann　22
James　55

Kant　18
Kohut, H.　204
Mahler　22
Spitz　16
Stern, D. N.　7
Stolorow & Atwood　23
Sullivan　23

【著者紹介】

田附 紘平（たづけ　こうへい）
1989 年，滋賀県生まれ。2017 年，京都大学大学院教育学研究科博士後期課程修了。博士（教育学）。臨床心理士。現在，京都大学大学院教育学研究科特定助教。2018 年 4 月より，名古屋大学大学院教育発達科学研究科講師。専門は臨床心理学，心理療法。

（プリミエ・コレクション 93）
二者関係のこころ —— 心理療法と愛着理論の接点

2018 年 3 月 20 日　初版第一刷発行

著　者　田　附　紘　平

発行者　末　原　達　郎

発行所　京都大学学術出版会

京都市左京区吉田近衛町 69 番地
京都大学吉田南構内（〒606-8315）
電　話　075-761-6182
ＦＡＸ　075-761-6190
振　替　01000-8-64677
http://www.kyoto-up.or.jp/

印刷・製本　㈱クイックス

ISBN978-4-8140-0152-1　　　定価はカバーに表示してあります
Printed in Japan　　　　　　　© Kohei Tazuke 2018

本書のコピー，スキャン，デジタル化等の無断複製は著作権法上での例外を除き禁じられています。本書を代行業者等の第三者に依頼してスキャンやデジタル化することは，たとえ個人や家庭内での利用でも著作権法違反です。